Björn Hayer

Jetzt bin ich aus mir selbst verwiesen worden

Björn Hayer M.A., geboren 1987 in Mannheim, studierte Germanistik, Philosophie und Politikwissenschaft an der Johannes-Gutenberg-Universität in Mainz. Er lebt und arbeitet als freier Literaturkritiker und -wissenschaftler in Landau i.d. Pfalz.

Björn Hayer

Jetzt bin ich aus mir selbst verwiesen worden

(Anti-)Identitäten in Elfriede Jelineks „Winterreise" und Wilhelm Müllers „Die Winterreise"

Tectum Verlag

Björn Hayer

Jetzt bin ich aus mir selbst verwiesen worden
(Anti-)Identitäten in Elfriede Jelineks „Winterreise"
und Wilhelm Müllers „Die Winterreise"

ISBN: 978-3-8288-2947-3

Umschlagabbildung: Armand Guillaumin: *Hohlweg im Schnee* (1869),
Öl auf Leinwand, 66 x 55 cm

Printed in Germany

Besuchen Sie uns im Internet
www.tectum-verlag.de

Bibliografische Informationen der Deutschen Nationalbibliothek
Die Deutsche Nationalbibliothek verzeichnet diese Publikation in der Deutschen Nationalbibliografie; detaillierte bibliografische Angaben sind im Internet über http://dnb.ddb.de abrufbar.

In Liebe und Andenken
an Doris

Inhaltsverzeichnis

1 Einleitung

Elfriede Jelinek gilt als eine der kontroversesten Vertreterinnen der deutschsprachigen Gegenwartsliteratur. Den Grund für ihre öffentliche Polarisierung bietet dabei insbesondere ihr ästhetischer Radikalismus. Mittels dekonstruktiver Verfahrensweisen setzt sie ihre Figuren einer eruptiven Entsubjektivierung aus, wodurch die Vorstellung einer geschlossenen Identität ins Wanken gerät.

Obwohl sich die österreichische Nobelpreisträgerin auch ihrem neusten Theaterstück „Winterreise" jener für sie markanten ästhetischen Methode zu bedienen scheint, erfordern unterschiedliche Begleitumstände, die Frage nach der Identität neu zu überdenken. Insbesondere die Verarbeitung des romantischen Liederzyklus „Die Winterreise" von Wilhelm Müller führt zu der Überlegung, inwiefern Jelinek nicht zuletzt in der Adaption des darin angelegten lyrischen Ichs einen neuen Umgang mit dem Identitätsbegriff eingeht.

Während jene Figuration des Prätextes dem Drama merklich eingeschrieben ist, schildert das anonyme Ich der „Winterreise" in einem inneren Monolog[1] seine verzweifelte Befindlichkeit in der Welt. Umgeben von Bankenskandalen, virtuellen Liebesofferten und einer biederen Mehrheitsgesellschaft durchwandert es in zerfasernden Wortkaskaden einen exterritorialen Raum, wo eine faktische Heimat nur schwer zu finden ist. Was sich als „ein umfassendes Kompendium der Jelinek-Welt"[2] zu erkennen gibt, gleicht einem palimpsestartigen Gemenge über die mannigfaltigen gesellschaftspolitischen Verwerfungen der Gegenwart.

Dominiert dabei „weniger die bekannte Jelinek-Wut als die Jelinek-Trauer"[3] den Ton des Dramas, wird gerade von vielen Kritikern dem

1 Vgl. Schleicher, Das Wortgebirge bezwungen.

2 Michalzik, Wandererin, kommst du zu Pa...

3 Ebd.

Text eine persönliche Färbung unterstellt. Dies dient zum Anlass, genauer zu untersuchen, ob Jelineks übliches Programm der Dekonstruktion und Aufdeckung des Fratzenhaften überhaupt eine adäquate Aussage über die Identität des sprechenden Ichs zu geben vermag. Handelt es sich wirklich nur um eine reine Zerstörung, welcher die Identität der Figur anheim fällt, oder gibt es nicht doch einen perspektivierenden Fluchtweg, der sich eröffnen lässt?

Möglicherweise ist es geboten, den offensichtlichen Bezugstext, den Jelinek in ihren integriert, in eine erkenntnisstiftende Untersuchung einzubeziehen, da eine alleinig textimmanente Antwort zu kurz greifen würde.

Denn jenseits des leicht abgewandelten Titels lässt sich Jelineks Drama, das ferner vielmehr den Kriterien eines Prosastücks gerecht wird[4], als ein Konvolut von Zitaten des 1824 vollständig publizierten Liederzyklus „Die Winterreise" lesen. Die 24 Rollengedichte[5] handeln von einem Wanderer, welcher nach „der traumatischen Erfahrung einer unglücklichen Liebe fluchtartig eine Stadt"[6] verlässt und nach „Phasen absoluter Hoffnungslosigkeit und Todessehnsucht schließlich einem in seiner Existenz ebenfalls gefährdeten Bettelmusikanten, mit dem er künstlerisch zusammengehen will"[7], begegnet. Steht doch gleichfalls darin ein trauerndes Subjekt im Zentrum, behaupten manche Rezensenten, Jelinek hätte Müller gar weitergeschrieben und den romantischen Text als Folie ihrem postdramatischen[8] Korsett wiederum unterlegt.

An dieser Stelle setzt nun der Gegenstand der vorliegenden Untersuchung der Identitätskonstruktionen an: Welche Entwicklung und Gestalt die Identität des Ichs der Jelinek'schen „Winterreise" annimmt, stellt den primären, wenn auch nicht einzigen Fokus der Arbeit dar. So gilt es nämlich ebenfalls die Verarbeitung Müllers in dieser Hinsicht präzise zu evozieren, wozu wiederum die Darlegung der Identitätsentwicklung des Reisenden im Liederzyklus notwendig ist. Konkret vollzieht die vorliegende Abschlussarbeit daher zwei wesentliche Untersuchungsschritte: Nachdem erstens die Identität des Wanderers skizziert und dann in einem Zwischenschritt auf wesentliche ästhetische Voraussetzungen zur Interpretation des Werkes von Elfriede Jelinek eingegangen wird, widmet sich der letzten Teil der Deutung der Ich-Identität in der „Winterreise"

4 Vgl. Schmidt, Polterabend.

5 Vgl. Vollmann, Wilhelm Müller und die Romantik, S. 79.

6 Kohl, Wilhelm Müllers „Die Winterreise" oder wie Dichtung entsteht, S. 9.

7 Ebd.

8 Vgl. Thiériot, Sinnzerstörung? Singgebung?, S. 105.

gerade im Lichte des Müller'schen Prätextes. Wie die Formationen der Identitäten tatsächlich, insbesondere jene des sprechenden Ichs des Posttextes – wenn es sich denn gar um *ein* Ich handelt – im Detail aussehen und ob der Begriff der Identität überhaupt in Bezug auf die ästhetischen Konzeption der österreichischen Autorin angemessen erscheint, soll Zielsetzung der hiesigen Untersuchung sein.

Zur Eingrenzung ist weiterhin hervorzuheben, dass der Untersuchungsrahmen primär auf eine Analyse von Müller und Jelinek fokussiert ist und damit Franz Schubert, dem oftmals zu Unrecht gegenüber Müller die Veredelung des Liederzyklus zugesprochen wird, nicht das Hauptaugenmerk der Analyse zukommt. Diese eingrenzende Auswahl lässt sich gleichfalls textstrukturell begründen: Einerseits entspricht der häufig direkt übernommene Prätext, an dem Schubert lediglich in Nuancen Änderungen durchführte, größtenteils Wilhelm Müllers literarischer Vorlage. Andererseits spielt vor allem das Kriterium der Reihenfolge und Anordnung der einzelnen Gedichte eine wichtige Rolle. Jelinek – das wird zu zeigen sein – folgt in ihren acht Einstellungen, die Vokabel des dramatischen Aktes wäre wenig passend, zumeist recht konzise den Stationen des Wanderers aus Müllers „Winterreise“. Schuberts Zyklus hingegen gibt eine andere Reihenfolge vor. Dass die Autorin Müller zumindest als eine wesentliche und insbesondere literarische Vorlage berücksichtigt, wird vor allem sehr markant an der Stellung des Gedichtes „Die Post“ deutlich, welche bei Müller und Jelinek an sechster Stelle, bei Schubert erst an dreizehnter verortet ist.

Auf methodischer Ebene sollen sowohl der Liederzyklus als Textfolie wie das Theaterstück „Winterreise“ durch eine Analyse erschlossen werden. Eine signifikante Berücksichtigung kommt dabei notwendig dem erwähnten Zitationsverfahren Jelineks zu, da der Dialog beider Werke sich überhaupt erst in der offensichtlichen Verweisstruktur zum romantischen Quelltext eröffnet. Gemäß dieser Prämisse gleicht ein Text „kein[em] geschlossene[m] System, sondern er weist in seiner Zeichenhaftigkeit über sich hinaus und verweist auf andere Texte“[9]. Das besagte „Ins-Verhältnis-Setzen eines Textes zu [...] einem Ausgangstext“[10] beschreibt treffend Jelineks montageartige, häufig wortgetreue Bezugnahme. Indem die Analyse erst die hermeneutische Anstrengung unternimmt, die intertextuellen Referenzen zu interpretieren, wird das von Jelinek benannte „Sekundärdrama“[11] überhaupt erschließbar. Über dieses

9 Becker, Literatur- und Kulturwissenschaften, S. 139.

10 Ebd.

11 Jelinek, Anmerkung zum Sekundärdrama.

methodische Korsett kann der Beziehung beider Texte im Hinblick auf die Identitätsarchitektur auf den Grund gegangen und neue Sinnhorizonte sowohl für eine Neuinterpretation des Prä- als auch eine Grundierung des Posttextes ermöglicht werden[12].

Weil Elfriede Jelinek die Vorlage Müllers auch in anderen Texten bereits mehrfach verarbeitet hat, sollen darüber hinaus in einem letzten Absatz grundsätzliche Aussagen über die Bedeutung der Intertextualität in ihrem Schaffenskosmos generiert werden. Darüber hinaus lassen sich im Verständnis der Verweisanordnung ebenfalls Erkenntnisse über den Epochenrekurs auf die Romantik im Ganzen destillieren[13]. Impliziert die Referenzialität genauer eine das Fratzenhafte und Ideologische entlarvende Parodie oder formuliert die Autorin etwa eine Beglaubigungsthese, welche im Sinne einer Bestätigung einen romantischen Sehnsuchtsraum zu etablieren sucht?,[14] sind Fragen, die in diesem Kontext auftreten und eine adäquate Beantwortung erfordern.

Um den Aufbau der Untersuchung umfassend nachvollziehen zu können, ist es aber zunächst unabdingbar, zusätzlich einige erläuternde Vorannahmen zur Methode und dem Begriff der Identität zu präpositionieren. Denn wie aus dem inhaltlichen Zuschnitt hervorgeht, wird diesem weit reichenden Begriff kein eigenes Kapitel gewidmet, geschweige denn eine prominente Theorie als Deutungsvoraussetzung der Texte aufoktroyiert. Aufgrund der Vielzahl diverser Identitätstheorien ist das darum rankende Forschungsfeld unüberschaubar geworden. Da Jelinek, wie nachzuweisen sein wird, das Gerüst der Identität ohnehin problematisiert, würde es der „Winterreise", aber auch Müllers vielschichtigem Gedichtzyklus nicht gerecht werden, sie durch starre Metatheorien im Kern zu erfassen. Vielmehr ist es unter der Berücksichtigung der individuellen Note der Kunstwerke das Bestreben, besagte Identitätskonstruktionen aus den Texten selbst herauszuarbeiten.

Weil ferner in der Identitätsforschung selbst auch kein hinreichender Kompromiss vorherrscht und die Bandbreite der teilweise divergierenden Positionen zwischen Identität und Identitätsnegation polarisiert[15], sollen daher nur einige strukturierende Dimensionen des Begriffes angeschnitten werden. So erweist sich die Zielsetzung einer jeden Identitätsbildung in der „Herstellung von Kohärenz, sei es historisch beziehungsweise biographisch (als Kontinuität, Gedächtnis) oder horizontal (als

12 Vgl. ebd., S. 140.

13 Vgl. Böhn, Intertextualitätsanalyse, S. 211.

14 Vgl. Neelsen, Intertextualität und Sinnstiftung, S. 89

15 Vgl. Straub, Identität, S. 278.

Konsistenz des Ich respektive sozialer Zusammenhang)."[16] Ausgehend vom lateinischen Wort „idem", das ‚ein- und dasselbe' meint, hat sich die gegenwärtige Identitätsforschung vom Ideal der vollkommenen Übereinstimmung gelöst, um sich demgegenüber auf „Prozesse der Identifizierung und der Herstellung von Zugehörigkeiten, die mehr oder unausweichlich brüchig und heterogen sind"[17], zu konzentrieren. Wenn über eine Identität im geisteswissenschaftlichen Sinne gesprochen wird, erfolgt dies stets im Bewusstsein der Differenz. Die Personale Identität, welche für die vorliegende Arbeit maßgeblich ist, steht demzufolge permanent in den Spannungsfeldern zwischen Selbsterkenntnis und Anforderungen durch die Gemeinschaft[18], anders gesagt zwischen Eigen- und Fremdbestimmung.

Nicht zuletzt diese Ambivalenz ist Ausdruck der Uneinheitlichkeit der Identitätsforschung. Setzt sich „der Einzelne ins Verhältnis zu sich selbst"[19], wird die Personale Identität zugleich jener kollektiven der Gemeinschaft entgegengesetzt, wodurch gewissermaßen zwei normative Ansprüche aufeinandertreffen. Unvereinbarkeit und Diskrepanz sind gerade für moderne Gesellschaften wegen der institutionellen Dichte charakteristisch[20], weswegen

> allgemeine, eindeutige und bleibende Antworten auf die Identitätsfrage im Zuge der Deontologisierung, Enttraditionalisierung, (funktionalen) Differenzierung, Temporalisierung und Dynamisierung kontingenter Lebensverhältnisse nicht mehr verfügbar sind[21].

Eine theoretische Vereinnahmung der Texte durch eine vereindeutigende Identitätstheorie erscheint somit wenig ergiebig. Vielmehr sei der Freiraum zu betonen, die zu untersuchenden Identitätsentwürfe anhand des eben skizzierten Basisinventars aus den Werken selbst zu elaborieren.

Bevor im Folgenden in die konkrete Untersuchung eingestiegen werden soll, gilt es noch kurz die Positionierung der Abschlussarbeit in der Forschung zu berücksichtigen. Diesbezüglich ist es erwähnenswert, dass der hiesige Beitrag einen Akzent in der Erschließung eines bisherigen Forschungsdesiderats setzt. Weder zu literarischen Beziehungen zwischen ihrem Roman „Die Klavierspielerin" und dem bereits darin nachweislich zitierten Quelltext „Die Winterreise" noch zu Jelineks stofflicher

16 Berger, Identität, S. 47.

17 Ebd., S. 48.

18 Vgl. Von Hoff, Identität und Gender. Aspekte medialer Verwandlungen, S. 9.

19 Straub, Identität, S. 280.

20 Vgl. ebd.

21 Ebd.

Neuverarbeitung dergleichen in ihrer „Winterreise" liegen repräsentative Analysen zur Gesamtwechselwirkung Jelinek - Müller vor. Die Aufarbeitung der Korrespondenz zwischen beiden ist somit noch gänzlich im Anfangsstadium befindlich.

Gleichsam liegen auch zur „Winterreise" an sich noch keine interpretatorischen Zugänge vor, weswegen sich die Forschungsliteratur primär auf Rezensionen und Beiträge zu früheren Veröffentlichungen der österreichischen Autorin beschränken muss.

Das erste und nachfolgende Kapitel der Analyse widmet sich, wie schon erwähnt, zuerst Wilhelm Müllers „Die Winterreise", dem schauerlichen Prä- beziehungsweise Bezugstext für Elfriede Jelinek.

2 „Fremd bin ich eingezogen, fremd zieh ich wieder aus": Das verlorene Ich in Wilhelm Müllers „Die Winterreise"

„Müller wird oft nachgesagt, seine Gedichte wären längst vergessen, wenn nicht Schubert ihrer etliche vertont hätte"[22]. Dieses Vorurteil war in der Forschungsdiskussion um „Die Winterreise" lange Zeit vorherrschend. Auch das Fehlen einer historisch-kritischen Werkausgabe von Müllers Texten, weswegen die vorliegende Untersuchung das mit Kommentar versehene Wilhelm-Müller-Lesebuch als Primärquelle heranzieht, ist Ausdruck einer weithin vernachlässigten Rezeption. So wurde das Œuvre des Dessauer Autors erst in den 90er Jahren durch Wissenschaftlerinnen wie Maria-Verena Leistner, Ute Wollny oder Christiane Wittkop in ausreichendem Maße als eigenständige ästhetische Komposition gewürdigt. Jenem Anliegen verpflichtet, fokussiert ebenso die vorliegende Untersuchung insbesondere sein und weniger Schuberts künstlerisches Werk.

Dazu muss jedoch einschränkend bemerkt werden, dass die Quellenlage zu Müller durchaus dürftig ist und eine wissenschaftliche Auseinandersetzung mit dem Stoff in den letzten Jahren vernachlässigt wurde. Gerade infolge der Forschungskonzentration aus den 90er Jahren treten mehr oder weniger vereinzelt wichtige Beiträge zu Müllers ohnehin schon überschaubarem Wirken in Erscheinung.

So liegen jenseits einiger Artikel lediglich drei Monographien vor, die einen intensiven Reflexionsprozess über „Die Winterreise" angetreten haben. Während sich der Forschungsstand somit weitestgehend in den 90er Jahren verorten lässt, gibt es allerdings einige durchaus innovative Interpretationszugänge der letzten Jahre, die zur hiesigen Textexegese hilfreich sind. Eine Erkenntnis daraus, welche zur Analyse der Identitäts-

22 Eisenhardt, Wilhelm Müllers Komponisten, S. 28.

konstitution des Wanderers von äußerster Relevanz ist, stammt von Werner Kohl: Entgegen der inzwischen kaum mehr haltbaren Auffassung, den 24 größtenteils jambisch[23] oder trochäisch abgefassten Liedern wäre kein stringenter Zusammenhang inhärent, hierfür stünde beispielsweise Roswitha Schieb[24], hat sich indessen die Position behaupten können, „dass die *Winterreise* eine rudimentäre Handlungslinie besitzt“[25] und demnach die Chronologie der Reise keineswegs unterschätzt werden darf. In diesem Sinne soll keine motivgeleitete Analyse durchgeführt, sondern im Folgenden die Identität im Voranschreiten der Wanderschaft betrachtet werden. So kann eruiert werden, ob die damit möglicherweise unterstellten Entwicklungspotenziale faktisch einen Wandel oder zumindest eine Bewegung in der Identität des lyrischen Ichs erkennen lassen.

2.1 „Muss selbst den Weg mir weisen“: Der Auszug in die Einsamkeit

In der Romantik war das Wandern mit einem hohen motivischen Habitus versehen. Als unbehauster Stand zogen in der sozialen Wirklichkeit Gesellen aus, um nicht nur ihre Ausbildung in beruflicher Hinsicht zu vollenden, sondern gleichfalls einen inneren Selbstfindungsprozess zu durchlaufen. Philosophisch an Rousseau angelehnt, galt die Natur als reiner Urkosmos[26], in dem die Möglichkeit zur Entgrenzung von der aufkommenden bürgerlichen Gesellschaft gesehen wurde[27]. Sie bot geradezu den Spiegel des eigenen Selbst, das sich in seiner Ursprünglichkeit zu finden versucht[28]. Auf diesem Wege entwarfen die romantischen Dichter, darunter beispielsweise Tieck und Eichendorff, das Wandertopos als denkbaren Weg zur Verinnerlichung und damit als Ausdruck geistiger Produktivität.

Obgleich Müllers Wanderer ebenso jene Gedanken und insbesondere den modifizierten Ansatz einer „prekären, jedoch gelingenden Selbstvergewisserung“[29] aufnimmt, stellen sich Entwicklung und Motivation der thematisierten Reise weniger klar wie in anderen Wandergedichten der Zeit dar.

---

23 Vgl. Bonheim, Lob des Versagens, Versuch über das Sterben, S. 162.

24 Vgl. Schieb, „Die schöne Müllerin“ und „Die Winterreise“, S. 63.

25 Kohl, Wilhelm Müllers „Die Winterreise“ oder wie Dichtung entsteht, S. 9.

26 Vgl. Wetzel, Wintereinsamkeit, S. 190.

27 Vgl. Bosse/Neumeyer, „Da blüht der Winter schön“, S. 29.

28 Vgl. Schieb, „Die schöne Müllerin“ und „Die Winterreise“, S. 67.

29 Mattern, „Will kein Gott auf Erden sein, / Sind wir selber Götter“, S. 291.

Nachdem zu Beginn das prägnante Leitmotiv[30], nämlich die grundsätzliche Fremde in der Welt, in den trochäischen Versen „Fremd bin ich eingezogen, / Fremd zieh ich wieder aus“[31] vorweggenommen wird, erfährt man zugleich von einer in der Vergangenheit stattgefundenen Liebesbeziehung. Der Grund, auf dem die amouröse Zweisamkeit im Bildnis eines locus amoenus' erahnbar wird, erweist jedoch schon früh seine Instabilität. Gegenüber der Sentenz „Der Mai war mir gewogen“[32] wird nur allzu bald die „Brüchigkeit der Idylle“[33] kontrastieren. Dass das Glück und die Lebensfreude dem Wanderer nur von kurzer Dauer gewesen sein dürften, verdeutlicht die scheinbare Auszugsursache: „Das Mädchen sprach von Liebe / Die Mutter gar von Eh'“[34]. Nimmt man nun den Rousseau'schen Hintergrund als Deutungsfolie an, beschreibt die Einrichtung der Ehe grundsätzlich ein hierarchisches und normatives Gefüge, was als das Schlüsselmomentum zum Aufbruch gewertet werden kann, welcher sich als Emanzipation von der Vereinnahmung durch das Korsett bürgerlicher Sitte interpretieren ließe. Darauf würde ferner die klangliche Nähe zwischen „Eh“ und dem Reimäquivalent „Schnee“ hinweisen, wodurch der institutionalisierten Partnerschaft eine Tristesse und Farblosigkeit zugeordnet würde. Doch gibt tatsächlich die Befürchtung, in eine solche eben auf Dauerhaftigkeit und Beständigkeit bedachte Existenzweise eingewoben zu sein, den einzigen Anlass zur Wanderschaft?

Eine weitere Interpretation wäre sicherlich in der Verfasstheit der Liebesbeziehung an sich zu suchen. Auffällig ist doch im Gedicht „Gute Nacht“ nicht zuletzt die Reimkorrespondenz zwischen „Liebe“ und „trübe“, wodurch die Beziehung zwischen dem Mädchen und dem Lyrischen Ich bereits am Anfang in einen negativen Horizont gerückt wird. Das daran anschließende Lied „Die Wetterfahne“ bietet eine Konkretisierung dergleichen. „Die Wetterfahne ist als ‚Schild' ein Hinweis auf die im Haus herrschende Untreue“[35]. Diesen Warnhinweis[36] weiß der Wanderer offensichtlich zu spät zu erkennen. Demnach räumt er ein: „So hätt er nimmer suchen wollen / Im Haus ein treues Frauenbild“[37]. Schenkt man der Vermutung des Wanderers, seine Geliebte sei ihm untreu geworden,

30 Vgl. Vollmann, Wilhelm Müller und die Romantik, S. 79.

31 Müller, Die Winterreise, S. 105.

32 Ebd.

33 Reininghaus, Solide Melancholie, stürmischer Morgen. S. 114.

34 Müller, Die Winterreise, S. 105.

35 Bonheim, Lob des Versagens, Versuch über das Sterben, S. 81.

36 Wollny, Ortstermin: Lindenbaum, S. 102.

37 Müller, Die Winterreise, S. 107.

Glauben, eröffnet das Gedicht im letzten Vers eine weitere Deutungsdimension.

„Ihr Kind ist eine reiche Braut."[38] referiert auf eine soziale Diskrepanz zwischen ihm und ihrem Elternhaus oder in Bezug auf die Untreue zwischen ihm und einem etwaigen wohlhabenderen Konkurrenten[39]. Eine vierte und damit vorerst letzte Erklärung gibt die Figura etymologica „Die Liebe liebt das Wandern –"[40]. Hierzu spekulieren Bosse/Neumeyer, ob nicht gar der Wanderer untreu geworden ist[41]. „Von einem zum andern –", wiederum das reimende Äquivalent zu „Wandern" im ersten Vers des besagten Quartetts, könnte zwar auf wechselnde Beziehungen zurückzuführen sein. Dennoch ist die Aussage nicht evident gestützt durch andere Verweise. Vielmehr wird die Liebe selbst zur Unbeständigkeit, weil sie sich personifiziert dem Wandern verpflichtet fühlt. Dass die Liebe damit nichts dauerhaft Habhaftes sein kann, sondern nur eine Annäherung in Suchbewegungen möglich scheint, ist eine mögliche Ursache für das aufkommende Leiden[42] des lyrischen Ichs.

Ausgehend von den drei denkbaren Motivationsgründen, nämlich Eheverpflichtung, Untreue, gesellschaftlich-pekuniärem Status und der Charakteristik der Liebe selbst tritt der Aufbrechende seine Reise in die „unzivilisierte[r] Natur"[43] an, womit er sich gleichsam, schon bevor die eigentliche Wanderschaft überhaupt initiiert wird, in Opposition zur bürgerlichen Gesellschaft setzt. Im Übrigen ist es ohnehin denkbar, die Wetterfahne jenseits der eben benannten Untreueassoziationen zudem als Parameter der politischen Unsicherheit in der Restaurationszeit[44] zu deuten. Insbesondere die Deutung Ingeborg Arlts macht sich in argumentativer Dichte für eine politische Lesart des Textes stark, weswegen auch im Weiteren immer wieder kursorisch politischen Implikationen eine Beachtung geschenkt werden sollte. Diesem Horizont dürfte vor allem zur Verarbeitung Müllers durch Jelinek eine wichtige Stellung zukommen.

Berücksichtigt man nun politische Hintergrundinformationen sowie die persönlichen Voraussetzungen des Reisenden, steht der Beginn zusammenfassend ganz im Zeichen einer Entfremdung des Ausziehenden

---

38 Ebd.

39 Vgl. Bosse/Neumeyer, „Da blüht der Winter schön", S. 129.

40 Müller, Die Winterreise, S. 106.

41 Vgl. Bosse/Neumeyer, „Da blüht der Winter schön", S. 130.

42 Vgl. Vollmann, Wilhelm Müller und die Romantik, S. 79.

43 Wollny, Ortstermin: Lindenbaum, S. 103.

44 Vgl. Arlt, Müllers List, S. 83.

gegenüber der Geliebten, aber ebenso gegenüber der gesellschaftlichen Realität. In seiner Einsamkeit lässt er nur noch den trüben Selbstimperativ verlauten: „Muss selbst den Weg mir weisen"[45]. Auch die Nacht und der „Mondschatten"[46] lassen als Assoziationen einer melancholischen Grundbefindlichkeit auf den „umfassenden Entfremdungszustand"[47] gegenüber der gesamten Außenwelt rückschließen. Dass ihn dann die Hunde noch fortbellen[48], verstärkt in bedrohlicher Klimax nur noch die Distanz zwischen dem Ich und der unwirtlichen Gegenwart der Mitmenschen. Formal könnten diesbezüglich die zahlreichen Parenthesen die Antithetiken (Ich-Gesellschaft; Ich-Geliebte etc.), zu denen sich das Ich ins Verhältnis setzt, anschaulich untermalen[49]. Gleichzeitig ist aber festzuhalten, dass, obwohl der Reisende betont, man hätte ihn hinausgetrieben[50], sein Entschluss zum Aufbruch in die Einsamkeit keineswegs rein passiver Natur ist, sondern eine aktive, bewusste Handlung darstellt. Der Hinausziehende zeigt sich daher zwar als ein in „existenzielle[r] Einsamkeit"[51] befindliches, durchaus aber noch im Vollbesitz seiner geistigen Kräfte. Dafür spricht schließlich auch der aktivische wie hilflose Selbstappell, sich den Weg nun fortan eigenständig begehen zu müssen.

Dennoch kann dieser verzweifelte Akt der Selbstmotivation nicht über die vage Bestimmung des lyrischen Subjekts hinwegtäuschen. Dessen Identität ist in Bezug auf den Ausgangspunkt der Reise unklar konturiert. Denn worin der Auszug eindeutig begründet liegt, bleibt vom lyrischen Ich unbeantwortet. Lediglich diverse Allusionen zeichnen einen nebulös-konjunktivischen Spekulationshorizont. Was könnte den Wanderer beispielsweise konkret hinaustreiben[52] oder was sollte er zweifelsfrei auf dem Schild an der Tür des Hauses der Geliebten bemerken[53]?, sind Fragen, die zwar Vermutungen zulassen, aber denen keineswegs klare Antworten eingeschrieben sind. Augenscheinlich fehlt dem lyrischen Ich sogar selbst die Festigkeit, um seine Beweggründe selbstsicher darzustellen. Davon ausgehend erweist sich die Identität demnach als beschädigt, die Vorstellung einer in sich geschlossenen Einheit als illusionär. Jedoch

45 Müller, Die Winterreise, S. 105.

46 Ebd.

47 Mattern, „Will kein Gott auf Erden sein, / Sind wir selber Götter", S. 292.

48 Vgl. Müller, Die Winterreise, S. 105.

49 Vgl. Bosse/Neumeyer, „Da blüht der Winter schön", S. 129.

50 Vgl. Müller, Die Winterreise, S. 105.

51 Wetzel, Wintereinsamkeit bei Caspar David Friedrich und Wilhelm Müller, S. 186.

52 Vgl. Müller, Die Winterreise, S. 105.

53 Vgl. ebd., S. 107.

mag man an diesem Zeitpunkt nicht von dissoziiert sprechen, da das Bewusstsein des Wanderers sowie eine eigenständige Intention zum Aufbruch sichtbar sind. Der weitere Verlauf wird demonstrieren, dass jener Status allerdings zutiefst bedroht ist. Nicht zuletzt die Frage, wieso das Einleitungsgedicht überhaupt in der Vergangenheit und damit gewissermaßen ungegenwärtig geschrieben ist, steht im nachfolgenden Abschnitt zur Diskussion.

2.2 „Ich such im Schnee vergebens": Die Erinnerung als Lebenselixier

Das lyrische Subjekt hat inzwischen den Einzugsraum der bürgerlichen Gesellschaft verlassen und sich auf die Wanderschaft in den Kosmos der Natur begeben. Im Folgenden gerät der Leser zunehmend zum Beobachter „einer qualvollen Selbstvergewisserung“[54].

Indiz dafür gibt der Modus der Vergegenwärtigung in den Gedichten, welche stets aus der Erinnerung berichten und folglich allein einen Blick auf die Vergangenheit herstellen. Ein (Er)leben in der Gegenwart ist dem reisenden Subjekt offenbar gänzlich versagt. Obwohl er zwar in seiner physischen Natur auszieht, geht er mental zurück an jene Orte, an denen einst Glück und Liebe noch spürbar waren[55]. Nimmt man demgemäß die Perspektive des Ichs an, beschreitet man mit ihm seinen Weg der Erinnerung als eine schmerzvolle, von mühevollsten Anstrengungen gekennzeichnete Seelenwanderung[56].

„Erstarrung“ lautet das erste Gedicht einer Reihe von verschiedenen Vergegenwärtigungsszenen. Im buchstäblichen Sinne begibt sich der Ausziehende auf eine Spurensuche, nämlich auf den Pfaden, auf welchen er einst mit seiner Geliebten gewandelt sein muss. „Ich such im Schnee vergebens / Nach ihrer Tritte Spur“[57] beschreibt zugleich auch die ungemeine Sinnlosigkeit des Unterfangens. Seine Suche auf einem Rasen, der im Winter allein im Vorstellungsraum gewahr werden könnte, sowie das imaginative Vermögen, „Mit meinen heißen Tränen“[58] die Kälte der erstarrten Winterlandschaft zu überwinden, demonstrieren, „dass er sich der Tatsache vergewissern will, dass es auch in der lebensfeindlichen Umgebung, in die es ihn hinausgetrieben hat, noch Lebendiges gibt und

54 Mattern, „Will kein Gott auf Erden sein, / Sind wir selber Götter“, S. 292.

55 Vgl. Bonheim, Lob des Versagens, Versuch über das Sterben, S. 92.

56 Vgl. ebd., S. 73.

57 Müller, Die Winterreise, S. 109.

58 Ebd.

damit auch für ihn ein Leben oder wenigstens Überleben möglich sein sollte"[59]. Die Vergeblichkeit dessen ist jedoch offensichtlich. Weder ein „Angedenken"[60] noch eine Spur der einstigen Liebe im Mai sind im winterlichen Spätjahr jenseits der Imagination noch vorzufinden. Letztes Lebensreservoir des im Pars pro toto aufschimmernden Herzens scheint nur das Gedächtnis zu sein. Hier sind in dem künstlerischen Kosmos des Gedichtes all die Mosaiksteinchen eines noch heilen Vergangenheitsbildes lokalisiert. Nicht das symbolische Zentrum der Aufklärung, der Geist, sondern die metaphorisch emotionale Mitte des Menschen, das Herz gilt als Bewahrer eines einstigen Glücks. „Schmilzt je das Herz mir wieder, / Fließ auch das Bild dahin"[61], reflektiert das lyrische Ich, das offenbar um die Notwendigkeit weiß, dass seine Identität zu diesem Zeitpunkt nur im Gestern besteht und nur weiter bestehen kann, wenn es die Wärme des Herzens gegen die morbide Umgebung des Winters behaupten kann. Mögen die Erinnerungen an die inzwischen vergangene Liebe auch noch so zermürbend sein, nur so kann der Wanderer in diesem Stadium überleben[62]. Seine Identität ist damit unmittelbar mit seiner eigenen Geschichte verbunden. Indem er im Folgenden weitere Erinnerungsstationen durchläuft, kann dies trotz aller Schwankungen und Brechungen als bewusster Versuch gelten, das Vergangene nicht zu verdrängen, sondern dies im heilvollen Dienste der eigenen Identität zu verarbeiten[63]. Die Tränen als Vergegenwärtigung der inneren Befindlichkeit gleichen einer Selbstbeobachtung. „Es gibt keine Identität ohne Selbstentzug"[64] besagt, dass eine Selbstdistanz zur inneren Auseinandersetzung als elementare Voraussetzung gilt. Denn nur so kann eine Identität sich überhaupt konstituieren. Die Tränenallegorie darf daher nicht allein als resignativer Akt der Ohnmacht gelten, sondern muss ebenso als Versuch der Selbstheilung einer brüchigen Identität qua Reflexion verstanden werden.

Eine der wichtigsten Stationen bildet das sicherlich prominenteste Gedicht des Zyklus: „Der Lindenbaum". Präsentiert wird jener als Refugium des Paares von damals, wo die menschliche Liebe im harmonischen Einklang mit der Schönheit der Natur vorzufinden gewesen sei[65]. Schließt

59 Bonheim, Lob des Versagens, Versuch über das Sterben, S. 61.

60 Müller, Die Winterreise, S. 109.

61 Ebd.

62 Vgl. Bonheim, Lob des Versagens, Versuch über das Sterben, S. 78.

63 Vgl. Kohl, Wilhelm Müllers „Die Winterreise" oder wie Dichtung entsteht, S. 13.

64 Straub, Identität, S. 280.

65 Vgl. Youens, „Der Lindenbaum", S. 315.

das lyrische Ich dort seine Augen, so heißt es: „Ich träumt in seinem Schatten / So manch süßen Traum."[66] Der Frühling mit seinen rauschenden Blättern ist als paradiesische Urvorstellung jedoch keineswegs real.

Nur wenn er in der Gegenwart die Augen schließt, vermeint er, die rauschenden Zweige einer unberührten Natur zu hören. Dass hierbei Erinnerung sich in Illusion auflöst, zeigt der klare Umstand, dass ein Lindenbaum im Winter keine Blätter tragen kann[67]. Aus der in „Der Lindenbaum" versinnbildlichten Sehnsucht nach Heimat und Harmonie, und dies kann neben den persönlichen Hoffnungen auch als eine politische auf eine gesamtdeutsche Nation verstanden werden[68], wird eine desillusionierende Erkenntnis[69].

Vor allem der in augenscheinlicher Halluzination erhörte Imperativ „‚Komm her zu mir Geselle, / Hier findest du deine Ruh!'"[70] deutet jene die zweite Hälfte des Zyklus bestimmende romantische Todessehnsucht an, worin der Wanderer in fataler Entrückung seine Hoffnung auf Ruhe und Ankunft zum Ausdruck bringt. Genauer impliziert dies: „Die Ruhe, die dem Wandernden hier verheißen wird, kann nur dann Erlösung von der Liebesqual und dem Vagantendasein bringen, wenn sie den Tod bedeutet"[71]. „Uralte Schwellensymbole: den Brunnen, das Tor und den Lindenbaum"[72] finden man daher als Übergangsmomente in einen lebensfremden, jenseitigen Raum vor, der statt Lebenserhalt Verderbnis und Dunkelheit bereithält. Das Ruhebedürfnis gegenüber dem endlos scheinenden Vagabundensein verspricht eine bedrohliche Ambivalenz, die das Gedicht im Übrigen in „Es zog in Freud und Leide / Zu ihm mich immerfort."[73] äußert. Heimat und Fremde, „unablässiges Umhergetriebensein und andererseits die stationäre, ewige Ruhe"[74] markieren die spannungsgeladenen Paradoxien dieses zentralen Gedichtes. Das Rauschen, das bis zuletzt vermittelt, „Du fändest Ruhe dort!"[75], entspricht

66 Müller, Die Winterreise, S. 110.

67 Vgl. Wollny, Ortstermin: Lindenbaum, S. 104.

68 Vgl. Arlt, Müllers List, S. 83.

69 Vgl. Youens, „Der Lindenbaum", S. 313.

70 Müller, Die Winterreise, S. 110.

71 Honold, Lied-Wandel, S. 181.

72 Hörisch, „Fremd bin ich eingezogen", S. 54.

73 Müller, Die Winterreise, S. 110.

74 Honold, Lied-Wandel, S. 181.

75 Müller, Die Winterreise, S. 110.

aber lediglich einer Phantasmagorie, deren Irrealität nicht den Konjunktiv „Als riefen sie mir zu“[76] zu konterkarieren imstande ist.

Erst mit dem Posthorn des nachfolgenden Gedichtes ereignet sich eine revitalisierende Peripetie, da „mit der räumlichen zugleich die temporale Differenz in Erscheinung tritt, die die Epoche der Liebe von der der Einsamkeit scheidet.“[77] Der Wanderer wird zurück in die Realität geworfen und muss einsehen, dass die Zeit der Liebe der Vergangenheit angehört. Als dann „die Post kömmt aus der Stadt, / Wo ich ein liebes Liebchen hatt,“ wird unzweifelhaft einsichtig, dass der Reisende „als ein nicht mehr Zugehöriger, als einer, der sich bereits auf der anderen Seite einer Grenze befindet“[78], nur noch auf sein zerklüftetes Selbst zurückgeworfen bleibt. Weder erfüllt sich seine Briefsehnsucht[79] noch erfolgt die Reintegration in das gesellschaftliche Umfeld der Stadt[80]. Das Ich ist zum Außenseiter geworden, dessen Beziehung nicht nur gegenüber der menschlichen Gesellschaft entzweit ist. Auch seine Identität unterliegt, veranschaulicht an der Ambivalenz des Lindenbaums, heftigen Zerreissproben sowie Gefühlsschwankungen, die fast schon schizoide Abspaltungsprozesse einleiten – steht es doch geradezu mit sich selbst im Dialog, wenn es in „Die Post“ in vier Terzetten dreimal jeweils im letzten verwaisten Vers sein eigenes Herz befragt. Zwar unternimmt es den intendierten Versuch, sich der schmerzvollen Vergangenheit zu stellen, scheint sich aber gerade zwischen den verschwimmenden Grenzen von Fiktion und Wirklichkeit zu verlieren. Dabei trägt die erstmals am Lindenbaum angedeutete Todessympathie massiv zur existenziellen Verschärfung des Identitätskonflikts bei[81]. Umherirrend zwischen verschiedenen Polen scheint die Identität des Reisenden zum vorliegenden Reisestadium „nicht als Einheit gegeben, sondern in mehrere Teile aufgespalten.“[82] – eine Tendenz, die sich in den nachfolgenden Stationen noch verstärken wird.

In dem Gedicht „Gefrorene Tränen“ kommt dann der bittere Schmerz des Wanderers in all seiner Intensität zum Ausdruck. Als „sinnfällige[n] Hervorbringung des eigenen Leids soll die Erde von dem sie bedecken-

76 Ebd., S. 110.

77 Hörisch, „Fremd bin ich eingezogen“, S. 62.

78 Bonheim, Lob des Versagens, Versuch über das Sterben, S. 87.

79 Vgl. Menzel, Die Winterreise, S. 212.

80 Vgl. Kohl, Wilhelm Müllers „Die Winterreise“ oder wie Dichtung entsteht, S. 18.

81 Vgl. ebd., S. 11.

82 Wittkop, Polyphonie und Kohärenz, S. 107.

den ‚Eis und Schnee'“[83] durch die warmen Tränen befreit werden. Aufgrund dieser verzweifelten Geste erhält der Leser aber nicht nur Einblicke in die triste Gemütsverfassung des Ichs, sondern erkennt, dass gleichzeitig die Natur als Projektion[84] der inneren Gefühlslage des Wanderers fungiert. Der Kälte der Außenwelt gleicht die Leere und Fremde der inneren Identität des Subjekts. Obwohl jener unwirtlich lebensferne Naturraum als „seelische Landschaft“[85] zwar das Abbild einer „verlorengegangenen Harmonie von Innen- und Außenwelt“[86] repräsentiert, wird diesem romantischen Eskapismus in die Phantasie dennoch ein beachtlicher Möglichkeitswert eingeräumt. Bei aller Entfremdung und Depression, welche von den elegischen Versen des lyrischen Ichs ausgehen, verfestigt sich die Identität dennoch im Bewusstsein eines inneren Schaffensquells. Die Tränen folgen in dieser Hinsicht einem reparativen Zweck. Zwar mutet es vergeblich an, „des ganzen Winters Eis“[87] zu zerschmelzen – im Übrigen ein Verb, das nicht nur Befreiung, sondern auch Vergänglichkeit impliziert –, dennoch verweist die „Wasserflut“ auf deren produktive Intention. Beschreibt der Wanderer darin zunächst, dass „manche Trän aus meinen Augen / Ist gefallen in den Schnee“[88], hofft er doch, durch die Wärme der Tränen, die Verhärtung der Eislandschaft auflösen zu können. Ob des daraus entstehenden Flusses appelliert der Vagabund an den personifizierten, ihm verbündeten[89] Schnee: „Folge nach nur meinen Tränen, / Nimmt dich bald das Bächlein auf.“[90] Indem die Träne die unwirtliche Schneelandschaft zu überwinden sucht, offenbart sich auch die Antithetik, in der der Wanderer als Motiv, das heißt als Bewegender in eine statische Ordnung eingefasst ist[91]. Wiederum unterstreicht die formale Komposition den oppositionellen Standpunkt des Wanderers zur Außenwelt, was besonders in der kreuzreimigen Struktur zum Tragen kommt. So wird beispielsweise „Manch Trän aus meinen Augen“ direkt mit „Kalten Flocken saugen“[92] konfrontiert, wodurch das Gefühl von Ohnmacht evoziert wird.

---

83 Ebd., S. 81.

84 Vgl. Mattern, „Will kein Gott auf Erden sein, / Sind wir selber Götter“, S. 293.

85 Wittkop, Polyphonie und Kohärenz, S. 89.

86 Kohl, Wilhelm Müllers „Die Winterreise“ oder wie Dichtung entsteht, S. 17.

87 Müller, Die Winterreise, S. 108.

88 Ebd., S. 112.

89 Vgl. Kohl, Wilhelm Müllers „Die Winterreise“ oder wie Dichtung entsteht, S. 19.

90 Müller, Die Winterreise, S. 112.

91 Vgl. Schieb, „Die schöne Müllerin“ und „Die Winterreise“, S. 64.

92 Müller, Die Winterreise, S. 112.

Dennoch verhandeln die Tränen nicht ausschließlich einen Konflikt zwischen Außenwelt und innerer Befindlichkeit.

Wie bereits im Zusammenhang mit dem Gedicht „Erstarrung" festgehalten, können die Tränen als Erinnerungsmonaden angesehen werden. Die letzten beiden Verse des Gedichtes „Wasserflut" dienen, nachdem die Tränen im Lauf des Flusses die Stadt der nunmehr fremden Geliebten erreichen, der Komplettierung der gesamten Tränenallegorie: „Fühlst du meine Tränen glühen, / *Da* ist meiner Liebsten Haus"[93]. Darüber hinaus akzentuiert „Auf dem Flusse" den Sinngehalt nochmals präziser: „Mein Herz, in diesem Bache / Erkennst du nun dein Bild?"[94]. Die stumme Selbstbefragung lässt den Bach, dessen fallender Verlauf eine unumkehrbare Richtung einschlägt, als Sinnbild des Lebenslaufes selbst erkennen[95]. Da jener aber statt lustig zu rauschen, wie es nur noch die Erinnerung verspricht, indessen „mit harter, starrer Rinde"[96] überzogen ist, funktioniert ein Zugang zur eigenen Wahrnehmung nur noch beschwerlich. Es ist der Schmerz der Tränen nötig, um überhaupt noch existieren, ja sich selbst spüren zu können[97]. Die Identität des Ichs steht daher in extremen Spannungsverhältnissen.

> Das Ankämpfen gegen die zunehmende Erstarrung gipfelt in einem Moment äußerster Annäherung der einander entgegengesetzten Elemente des Heißen und Kalten bzw. des Flüssigen und Gefrorenen. Doch im Letzten kann die Diskrepanz nicht überwunden werden[98],

resümiert die Müller-Forscherin Christiane Wittkop.

Nichtsdestoweniger gibt es jenseits der Widrigkeiten, denen der Wanderer ausgesetzt ist, immer noch ein in seiner Wirkungsdimension durchaus proleptisches Verhalten des Reisenden. Heißt es in „Der Lindenbaum" „Ich schnitt in seine Rinde / so manches liebe Wort"[99] und in Bezug auf die vereiste Flussoberfläche „In deine Decke grab ich / Mit einem spitzen Stein / Den Namen meiner Liebsten"[100], nimmt das Ich eine aktive Position ein. „Die ursprüngliche Fremdheit wird gelockert durch einen Akt der

---

93 Ebd.

94 Ebd., S. 113.

95 Vgl. Honold, Lied-Wandel, S. 170.

96 Müller, Die Winterreise, S. 113.

97 Vgl. Bonheim, Lob des Versagens, Versuch über das Sterben, S. 75.

98 Wittkop, Polyphonie und Kohärenz, S. 90.

99 Müller, Die Winterreise, S. 110.

100 Ebd., S. 113.

Verfremdung"[101], die das Subjekt als ein künstlerisches Subjekt zu erkennen gibt, das durch eigene Einflussnahme eine Deutung und Gestaltung seiner Welt zu unternehmen versucht. Gleiches gilt selbstverständlich für sein durchweg künstlerisches Erzählen seiner Geschichte in Form der Lieder. Im Vortragen derselben kann es offenbar seine Existenz gewährleisten. Demzufolge handelt es sich im Übrigen auch nicht um den klassischen Gesellen wie in anderen romantischen Wanderliedern, sondern offenbar um einen Dichter, der „in der Lage ist, die traumatische Vergangenheit künstlerisch zu bewältigen."[102] Dass dessen ästhetische Ausdrucksweise des buchstäblichen „Beschreibens" der Natur einen stabilisierenden Effekt auf die unsichere Identitätslage ausübt, wird auch im letzten Gedicht nochmals eine signifikante, näher zu bestimmende Rolle spielen.

2.3 „Bellt mich nur fort, ihr wachen Hunde": Der ewige Außenseiter

Bisher ist zu sehen gewesen, dass „der Riss zwischen Subjekt und Welt immer stärkere Klammerungsunternehmungen, um die auseinanderbrechenden Teile mit ungeheurer Anstrengung zusammenhalten"[103] zu können, erfordert. Nicht nur mehr der Faden zur Gesellschaft ist vom Wanderer abgetrennt, ebenso wird „die äußere Natur als Fremde"[104] verstanden. Müller stilisiert geradezu „die Natur zum Schauplatz eines massiven Identitätskonflikts des Flüchtlings."[105]

Der Individuationsprozess des Ichs setzt sich in den kommenden Gedichten stetig fort, indem es sich mehr und mehr in selbstbezüglicher Anschauung erprobt. Nachdem es nochmals in einem „Rückblick" die Beschwernisse der Flucht aus der Stadt Revue passieren lässt, wofür es sich „an jedem Stein gestoßen"[106] hat, sowie den inzwischen reliquienartigen Gedanken an den Lindenbaum und das Haus der Geliebten fasst, ist „mit diesem Gedicht [...] die mentale Rückkehr zum Ausgangspunkt abgeschlossen"[107].

---

101 Wittkop, Polyphonie und Kohärenz, S. 74.

102 Kohl, Wilhelm Müllers „Die Winterreise" oder wie Dichtung entsteht, S. 13.

103 Schieb, „Die schöne Müllerin" und „Die Winterreise", S. 59.

104 Wittkop, Polyphonie und Kohärenz, S. 104.

105 Mattern, „Will kein Gott auf Erden sein, / Sind wir selber Götter", S. 293.

106 Müller, Die Winterreise, S. 114.

107 Kohl, Wilhelm Müllers „Die Winterreise" oder wie Dichtung entsteht, S. 20.

Somit verlagert sich gleichsam der Fokus des Zyklus. Die Erinnerung steht unversöhnlich der unbehaglichen Außenwelt gegenüber, sodass das umherziehende Subjekt einer zunehmenden Desorientierung und Isolation anheimfällt. Im Folgenden fällt diesbezüglich auf, dass „vorwiegend solche Objekte des Umfelds wahrgenommen [werden], die Ausdruck der Hoffnungslosigkeit sind bzw. – immer wieder aufs Neue – die Todessehnsucht zu stillen vermögen. Diese erscheint häufig indirekt in den pervertierten Werten einer illusionären Gegenwelt."[108]

Auch in „Der greise Kopf" werden solche morbiden Vorstellungen im Mantel der Verheißung präsentiert. In einer „reine[n] Selbstbetrachtung[...], in die von der Außenwelt nicht mehr eingeht als nur der übers Haar gestreute Reif"[109], äußert der Wanderer den Wunsch, so bald wie möglich altern zu wollen. Nur dies verspricht eine Nähe zum Tod und die damit verbundene Option, die Sehnsucht nach Ruhe endlich zu stillen. Dass die Todessehnsucht im Gegensatz zum Glück der früheren Tage in höchstem Maße gegenwärtig ist, verdeutlicht zudem die Tempusumstellung in die Gegenwart des Erzählens[110]. Ausweglos bleibt die Hoffnung dennoch. Denn „bald ist er hinweggetaut, / Hab wieder schwarze Haar"[111] markiert die desillusionierende Erkenntnis, welche das lyrische Ich im Angesicht der Realität konstatiert. Erneut verfängt sich der Wanderer in Träumen. Jugend und Alter stehen in verfremdeter Wertzuweisung einander gegenüber, was nicht zuletzt wieder die charakteristische Parenthese in dem Verspaar „Dass mir's vor meiner Jugend graut – / Wie weit noch bis zur Bahre!"[112] konfrontativ zueinander in Beziehung setzt. So signalisiert die Sprache die Brüchigkeit einer Welt, in der Werte verkehrt werden: Je näher dem Tod, desto erfüllender, könnte das Ideal des hiesigen Gedichtes lauten.

Um Einbildungskraft und verkehrte Hoffnungen geht es auch in „Die Krähe". Dieses Tier, bekanntermaßen den Vorboten des Todes symbolisierend, erweist sich zwar dem Reisenden als passender Begleiter, der „zu einer Standhaftigkeit (‚Treue bis zum Grabe') aufgefordert wird, zu der zuvor ein menschliches Wesen, nämlich das Mädchen, nicht willens war"[113]. Allerdings darf diese Liaison durchaus als zynisch gelten. Auf eine trügerische Loyalität deutet beispielsweise ebenso der unreine Reim

---

108 Ebd.

109 Bonheim, Lob des Versagens, Versuch über das Sterben, S. 101.

110 Vgl. Wetzel, Wintereinsamkeit, S. 188.

111 Müller, Die Winterreise, S. 115.

112 Ebd.

113 Bonheim, Lob des Versagens, Versuch über das Sterben, S. 102.

von „mir“ und „für“, vom ersten auf den dritten Vers des Gedichtes, hin. Gerade die emphatische Bekundung „Ist bis heute für und für“[114] muss dem Leser als gefährliche Treue vorkommen. Real dürfte die angebliche Enge der Beziehung wohl kaum sein, vielmehr entpuppt sie sich als weitere Ausgeburt der egozentrierenden Imaginationskraft des lyrischen Subjekts. Weder die Krähe noch ein beschleunigtes Altern bilden den Kern einer heilvollen, an Revitalisierung orientierten Hoffnung. Gleichwohl hält der Wanderer an sichtbaren Objekten seiner Umwelt fest, um sie auf seine persönliche Lage zu konzentrieren. Insbesondere in dem bezeichnenden Gedicht „Letzte Hoffnung“ verinnerlicht der Davonziehende die Natur auf den eigenen Seelenraum. Allegorisiert wird darin ein Blatt, von dem gesagt wird: „Hänge meine Hoffnung dran; / Spielt der Wind mit meinem Blatte, / Zittr' ich, was ich zittern kann.“[115] „Über die Kontemplation, in der der Betrachter seine Befindlichkeit in die Natur projiziert, bis zu deren scheinbarer Objektivierung im Bild“[116], trifft insbesondere das letzte der drei Quartette eine komplettierende Aussage: „Ach, und fällt das Blatt zu Boden, / Fällt mit ihm die Hoffnung ab“[117] evoziert die prekäre Verfassung des Wanderers, welcher den letzten Halt in einem wankenden Blatt zu finden sucht. Ein buntes Blatt in der „Realität einer sprach- und leblos gewordenen Natur“[118] erblicken zu können, bleibt wohl erneut illusionärer Verstrickung des Wanderers geschuldet.

In den letzten Gedichten ist eine Zunahme der Einsamkeit des nomadischen Ichs zu erleben, das ganz auf sich selbst zurückgeworfen wirkt. „Im Dorfe“ darf hierbei als Höhepunkt seines Isolierungsprozesses betrachtet werden. Zur drastischen Zuspitzung des Außenseitertums trägt in diesem Kontext primär „die Opposition gegen das Sesshafte, träge und Besitzende“[119], stellvertretend sind hier die Dorfbewohner zu nennen, gegenüber der unstillbaren Wanderschaft des Ichs bei. Aus der Ferne lässt sich die Position des Vagabunden somit als „Ausdruck sozialer Devianz oder Dissidenz“[120] verstehen. Was schon in den Auszug hineingelegt ist, wird nun zur unmissverständlichen Tatsache: „Aus dem unsteten Gesellen und immerfort Suchenden ist der Fremde geworden“[121]. Es

114 Müller, Die Winterreise, S. 116.

115 Ebd., S. 117.

116 Wetzel, Wintereinsamkeit, S. 190.

117 Müller, Die Winterreise, S. 117.

118 Wetzel, Wintereinsamkeit, S. 186.

119 Vgl. Schieb, „Die schöne Müllerin“ und „Die Winterreise“, S. 63.

120 Honold, Lied-Wandel, S. 178.

121 Ebd.

empfiehlt sich, dieses Gedicht etwas detailierter anzusehen, weil es das Verhältnis zwischen der menschlichen Gesellschaft und dem Ich, aber auch dessen Identität, einen Begriff, der ebenso die Frage nach der Verwobenheit in einer Gemeinschaftsordnung aufwirft, genauer in den Blick rückt.

Die erste Strophe leitet mit dem eintönigen Parallelismus „Es bellen die Hunde, es rasseln die Ketten"[122] ein. Die ohnehin gefährlich wirkenden Hunde weisen mit dem von den Ketten eingeräumten Radius dem Außenseiter seine Reichweite zu, in der er sich bewegen darf – die Distanz zu den Bewohnern ist dabei elementar. Gezeigt wird ein „anonymes Kollektiv von Bürgern"[123] in einer scheinbar „dörflichen Schlafidylle"[124]. Allerdings bricht dieses Gedicht gängige Strukturen auf. Anstatt des gängigen Kreuzreims setzt Müller hier den eher statischen Paarreim ein, um die prägnante Monotonie der Szenerie herzustellen. Bemerkenswert erscheint daher der Reim zwischen „Ketten" und „Betten". Dass der Gedanke eines Lebens als ein in Beschränkung befindliches evoziert wird, konkretisiert letztlich dann das zweite Verspaar: „Im Schlaf erträumen sich die Dorfbewohner das, was sie nicht haben". Das Unterfangen ist jedoch sinnlos: „Und morgen früh ist alles zerflossen. –"[125] Der Gedankenstrich mündet ins Nichts. Legt man zugrunde, dass entsprechend eines Lebensrhythmus der Tag stets die desillusionierende Erkenntnis dessen erbringt, was die nächtlichen Träume als Hoffnung äußern, so wäre das „Eigentliche ihres Lebens [...] demnach die eingebildete Welt"[126], in der sie im bürgerlichen Normenkorsett gefangen sind und keine Vision des Ausbruchs zu denken imstande sind. Damit sind es ebenfalls Träume, die referenzlos ins Leere münden und, wenn denn die Hoffnung besteht, sie am nächsten Morgen auf den Kissen zu finden, hauptsächlich materieller Natur zu sein scheinen. Es ist ein permanentes Sich-im-Kreis-Drehen, der Morgen schließt an die Nacht, wie der Paarreim einen Vers an den nächsten klammert.

Augenscheinlich weiß der Wanderer nicht nur aus der Distanz heraus die vorgeführte bürgerliche Gesellschaft exakt zu beurteilen, kennt er sich doch als ehemaliger Teil der Gemeinschaft von Schläfern bestens in deren Art zu träumen aus. Nun liegen in der Forschung zwei unterschiedliche Auffassungen im Hinblick auf die Beziehung des Wanderers zur mensch-

122 Müller, Die Winterreise, S. 118.

123 Wittkop, Polyphonie und Kohärenz, S. 124.

124 Kohl, Wilhelm Müllers „Die Winterreise" oder wie Dichtung entsteht, S. 21.

125 Beide Zitate: Müller, Die Winterreise, S. 118.

126 Bonheim, Lob des Versagens, Versuch über das Sterben, S. 107.

lichen Gesellschaft vor. Die eine Position geht, weil die Aufmerksamkeit im Grunde genommen von einseitiger Natur ist (nur der Wanderer nimmt die Bewohner wahr), von einer Marginalisierung des Wanderers aus, die den Wanderer zur Passivität[127] und zum Handlungsverlust[128] zwingt. Dieser Deutung folgend wird die Ausgrenzung elegisch beklagt und in der Depression verarbeitet. Der Satz „Ich bin am Ende mit allen Träumen – "[129] nimmt diesbezüglich eine Schlüsselposition ein. Gemäß dieser Interpretation wäre er als Bestätigung für Selbstaufgabe und Hoffnungslosigkeit heranzuziehen. Das Ich erkennt demnach: „Es bleibt ausgestoßen und zieht die Konsequenzen aus seinem Schicksal, indem es sich abkehrt, […] seine Isolation, Entfremdung von den Menschen"[130] akzeptiert. Der besagte Schlüsselsatz ergibt im Zusammenspiel mit dem letzten Vers des Gedichtes auch eine zweite Dimension, welche die Distanz als vom Wanderer intendiert begreift. „Was will ich unter den Schläfern säumen?" fragt das Ich provokativ. Nicht den materialistischen, sinnentleerten Träumen der bürgerlichen Sphäre respektive der Philister fühlt der Wanderer sich zugehörig, seine Distanz ist mit Entschlossenheit gewählt, weil er das Leben mit all seinen Widrigkeiten aufnimmt. Insbesondere Bonheim meint, seine Träume seien andere, weswegen er das Ende aller Träume des Wanderers als Abkehr von der Träume einer bürgerlichen Gesellschaft sieht:

> In die Gemeinschaft derer, die das Dorf bewohnen, würde er sich, das scheinen sie intuitiv erkannt zu haben, in seiner grundlegenden Unterschiedenheit nicht einfügen können; nicht einmal sein Schlaf wäre von gleicher Art.[131]

Ähnlich der provokativen Frage des Eingangsgedichtes „Was soll ich länger weilen, / Bis man mich trieb hinaus?"[132] deutet manches für die These eines bewussten und demzufolge eigenständigen Auszugs und damit selbstgewählter Distanz des lyrischen Subjekts zur übrigen Menschheit. Gleichsam ist es sicherlich ein unter den Umständen der Beziehungslosigkeit „leidendes Subjekt"[133], weswegen keine der beiden Interpretationen als absolut gesetzt werden sollte. Vieles spricht aber für

---

127 Vgl. Kreuels, „Die Winterreise" des Wilhelm Müller (und des Franz Schubert), S. 99.

128 Vgl. Kohl, Wilhelm Müllers „Die Winterreise" oder wie Dichtung entsteht, S. 21.

129 Müller, Die Winterreise, S. 118.

130 Wittkop, Polyphonie und Kohärenz, S. 124f.

131 Bonheim, Lob des Versagens, Versuch über das Sterben, S. 111.

132 Müller, Die Winterreise, S. 105.

133 Kreuels, „Die Winterreise" des Wilhelm Müller (und des Franz Schubert), S. 98.

eine absichtliche Opposition. Zusammen betrachtet skizzieren sie die Interpolarität, die Spannung und unfassbare Zerrissenheit[134], in der der Reisende gedanklich mäandert.

Was sagt nun aber diese sehr detaillierte Einsichtnahme in das Gedicht über die Identität aus? Mit zunehmender Orientierungslosigkeit und Entfremdung verliert das Ich seinen klaren Standpunkt. Wie ein umherirrender Geist wandelt der Außenseiter mental zwischen der menschlichen und seiner inzwischen vollends isolierte Spähre. Die Identität erweist sich demnach zwar als uneins, weil „Kontinuität, Konsistenz und Kohärenz"[135] in Auflösung befindlich sind, dennoch wird die Abgrenzung zum Kollektiv offenbar durchaus gewollt. Statt der Einordnung in eine soziale Ordnung verharrt das Ich beständig in seiner prekären, Personalen Identität.

Die politische Implikation des Gedichtes, welche den gesamten Text scheinbar als Folie durchzieht, unterstützt die intendierte Distanz des Wanderers zur ihn umgebenden Umwelt. Spätestens hier wird auch deutlich, dass der Schmerz des Wandernden nicht mehr als ein bloßer Liebesschmerz bezeichnet werden kann. Vielmehr liegt der Gedanke nahe, die Geliebte stelle lediglich noch den Anlass oder gar das Alibi des Auszuges dar – erweckt sie doch schon zu Beginn den Eindruck einer konturlos bleibenden Figur[136]. Was gerade in der Weltabkehr und der Ferne des Politischen zum Tragen kommt, vereint sich in einer epochalen Grundstimmung: „Die Romantik war, nach den niederschmetternden Ergebnissen des mit großen Hoffnungen begleiteten Wiener Kongresses, zunehmend in ihre Weltschmerz-Phase getreten"[137]. Der Wanderer, der durch die triste Winterlandschaft vor den Menschen flieht[138], tritt gleichzeitig den Rückzug aus einer visionslosen Wirklichkeit an. Fungiert der Lindenbaum noch als letzte Illusion von Heimat, macht gerade das Gedicht „Im Dorfe" in der Metapher des Schlafens die Passivität, Dunkelheit,[139] Antriebsarmut und Ortlosigkeit jener Zeit aus. Der politische Makrokosmos zu Beginn des 19. Jahrhunderts mag wohl als äußerst enttäuschend auf die Menschen gewirkt haben. Statt Freiheit und dem Trachten nach einer nationalen Einheit setzte der Wiener Kongress 1815/16 die alten Regime in Kraft, sodass sämtliche Hoffungen auf ein

134 Vgl. Mattern, „Will kein Gott auf Erden sein, / Sind wir selber Götter", S. 299.

135 Vgl. Straub, Identität, S. 284.

136 Vgl. Bonheim, Lob des Versagens, Versuch über das Sterben, S. 82.

137 Eisenhardt, Wilhelm Müllers Komponisten, S. 27.

138 Vgl. ebd., S. 33.

139 Vgl. Arlt, Müllers List, S. 81.

Dasein in Selbstbestimmung und Einheit[140] im Keim erstickt wurden. „Die Winterreise ist Zeitkritik“[141], sobald man die These bekräftigt, der Fremdwerdungsprozess des lyrischen Subjekts ließe sich dezidiert als „Widerstand gegen Fremdbestimmung“[142] inaugurieren.

Obwohl die politische Deutung durchaus ein selbstbewusstes Subjekt voraussetzen würde, sollte diese Ableitung für den Identitätsentwurf nicht überbewertet werden. Die inzwischen räumlich dezentrierte Identität offenbart sich als zutiefst zerrissen. Allerdings ist sie trotz der Illusionen, derer sie sich zeitweise hingibt, noch nicht verloren. Aber der Auszug sowie die Distanz zu den Dorfbewohnern zeigt auch: Die Abkehr erfolgt, wie ebenso der in den Tränen allegorisierte Trauerprozess im reflektierten Bewusstsein. Das Ich ist in gewissermaßen zeittypischer Opposition zum politischen und weltlichen Kosmos verortet[143] und reflektiert diese Entfernung zugleich. Die reine Selbstbezüglichkeit der Identität ist Kondensat des eigenen Willens des Wanderers. Er verliert seinen Halt, aber nicht sein Bewusstsein.

2.4 „Nur Täuschung ist mein Gewinn“: Auf den Irrfahrten des Verfalls

Im letzten Abschnitt wird die allmähliche Isolation des Reisenden dargelegt und bezüglich seiner Identitätskonstitution festgestellt, dass die Zerrissenheit und Entfremdung zwar mehr denn je Sichtbarkeit erlangt, aber in einem steten Reflexionsprozess sowie einer scheinbar bewussten, politischen Distanzierung ein letzter Funken an Selbstbewusstsein die im Verfallsprozess begriffene Identität noch aufrecht erhält. In den folgenden Gedichten wird der Wanderer durch einen illusionären Sog in nahezu halluzinatorische Entrückung versetzt.

Von „rote[n] Feuerflammen / Ziehn zwischen ihnen hin“[144] wird metaphorisch über die vom Sturm zerklüfteten Wolken im Passus „Der stürmische Morgen“ gesprochen. Präsentiert wird eine spiegelbildliche Vorstellung, in welche sich der Wanderer einzufügen sucht. Er begrüßt die stürmisch-destruktiven Gewalten der Natur nur in scheinbarem Enthusiasmus, um sich offenbar dadurch aufzubauen. Doch die Erkenntnis entpuppt sich als ein bitteres Gewahrwerden:

140 Ebd., S. 85.

141 Ebd., S. 81.

142 Ebd., S. 83.

143 Vgl. Wittkop, Orpheus im Winter, S. 142.

144 Müller, Die Winterreise, S. 119.

Mein Herz sieht an dem Himmel
Gemalt sein eigenes Bild –
Es ist nichts als der Winter,
Der Winter kalt und wild![145]

Die Desorientierung des Wanderers, unterstützt durch den ausbleibenden Reim von „Himmel" auf „Winter", und die schiefe Gleichsetzung des „zerrissenen Herzens mit dem zerrissenen Winterhimmel"[146] entlarvt die Verzweiflung und Kälte, die sich des Reisenden bemächtigt und der er selbst wiederum in Form künstlerischer Produktivität („Gemalt") Ausdruck zu verleihen vermag.

Die anschließenden Gedichte knüpfen an die bereits besprochene Verhaltensform des Wanderers an, in Phantasiegebilden Sinnstiftung für eine perspektivlose Welt zu suchen, wobei die Illusion ins Halluzinatorische gesteigert wird. In „Täuschung" spricht er erstmals von einem Licht, das sich allerdings als zwielichtiger Hoffnungsschimmer zu erkennen gibt. Verführerisch verblendet es den Umherziehenden mit „der bunten List", die ihm „ein helles, warmes Haus"[147] verspricht. Mit dem Licht, das sich im gleichnamigen Gedicht später als Irrlicht enttarnt und das den Vagabunden „In die tiefsten Felsengründen"[148] und damit in lebensfeindliches Terrain führt, entspinnt sich „Das ‚Irre-Gehen' [...] zum Lebensprinzip"[149]. Nicht die Realität, so scheint es dem lyrischen Ich, verweist mehr auf eine heilvolle Erfüllung, „Nur Täuschung ist für mich Gewinn!"[150]. Im Klartext bedeutet diese Verneinung der Wirklichkeit eine depravierende Erkenntnis: „Der, der so spricht, glaubt an gar nichts mehr [...] Die bewusst akzeptierte Täuschung stellt eine Absage an die Möglichkeit von Wahrheit dar."[151] Denn alles wird als „Irrlichts Spiel" benannt, sodass die Verirrung zum „Dauerzustand, aus dem es kein Entkommen mehr gibt"[152], werden muss. Der Weg mündet in der beklemmenden Gleichung: „Jedes Leiden auch ein Grab"[153]. Sowohl „Der Wegweiser" als auch „Das Wirtshaus" erweisen sich als weitere Stationen einer gefährlichen Verblendung, durch welche das Ich in seine Todesme-

145 Ebd.

146 Kohl, Wilhelm Müllers „Die Winterreise" oder wie Dichtung entsteht, S. 23.

147 Müller, Die Winterreise, S. 120.

148 Ebd., S. 123.

149 Kohl, Wilhelm Müllers „Die Winterreise" oder wie Dichtung entsteht, S. 22.

150 Müller, Die Winterreise, S. 120.

151 Wittkop, Polyphonie und Kohärenz, S. 127.

152 Beide Zitate: Ebd.

153 Müller, Die Winterreise, S. 123.

lancholie bis zum Rande einer äußersten Fragilität gelangt. Indem der Wegweiser nunmehr zum Todesweiser verkommt, werden gängige Schemata mehr und mehr pervertiert, wodurch die Identität weitere Dezentrierungsschübe erfährt. Referenzlose rhetorische Fragen streut der Verzweifelte noch in „Der Wegweiser" in den Raum, kann einfach nicht verstehen, was ihn einstmals hinaustrieb. „Ohne Ruh und suche Ruh"[154] lautet sein paradoxes Schicksal, zu dem er verurteilt ist: nämlich den Tod und die ewige Ruhe zu finden, aber zum permanenten Nomadentum, „einem ‚perpetuum mobile' ohne Anfang und Ende, ohne Richtung und Ziel"[155], verdammt zu sein. Die Illusion eines Ankommens hält den Reisenden nichtsdestoweniger aufrecht, da der Wegweiser eine Straße klar kennzeichnet, „Die noch keiner ging zurück."[156] Spricht das Gedicht doch anfangs noch allgemein von den Weisern, konkretisiert sich das Nebulöse, ähnlich übrigens der Gesamtbewegung des Zyklus, zu dem „Einen Weiser"[157]: Es ist der Tod, das Grab als simpelste aller Lösungen[158], dessen reizvolle Verlockung den Umherirrenden an sich bindet. Statt einer Heimat im Diesseits offeriert der Wegweiser den Weg auf den Totenacker, statt Gemütlichkeit und Ankunft offenbart sich das Wirtshaus selbst als „Allegorie des Todes"[159]. Dieser verwunschene Unort zieht den Wanderer wie ein magnetisches Objekt an. Seines Subjektstatus damit vollends verlustig geworden, spricht er doch von sich in der dritten Person – „Die müden Wanderer laden / Ins kühle Wirtshaus ein"[160] –, verführen ihn die zu Todesboten verklärten Kränze am Eingang des Wirtshauses.

Die Hoffnungen auf Heimat im Tod[161] münden jedoch in der elegisch beklagten Abweisung des Gasthauses. Einzig „Mein treuer Wanderstab"[162], also die endlose Wanderschaft als solche, bilde das letzte Kontinuum. In ihm manifestiert sich die „unaufhebbare Ruhelosigkeit, das fortdauernde Wandern-Müssen [...] das pervertierte Bild von Treue in

154 Ebd.

155 Stoffels, In kristalline Formen getriebene Reflexion, kokett bis zynisch., S. 164.

156 Müller, Die Winterreise, S. 121.

157 Ebd.

158 Vgl. Edgecombe, The Winter journeys of ‚Stropping by Woods' and ‚Das Wirtshaus', S. 39.

159 Bonheim, Lob des Versagens, Versuch über das Sterben, S. 145.

160 Müller, Die Winterreise, S. 122.

161 Vgl. Edgecombe, The Winter journeys of ‚Stropping by Woods' and ‚Das Wirtshaus', S. 43.

162 Müller, Die Winterreise, S. 122.

einer treulosen Welt"[163], in der „die Wahrheit über das menschliche Leben nichts als Irrtum und das Irren selber ist."[164] Tatsachen weichen der Illusion und Wahrnehmung der Halluzination. Das Irrlicht, „eine Art Antichrist"[165], entführt den Wanderer an den Rand des Abgrunds, wo seine Identität nur noch als geisterhafter Schatten existiert. Die Irrfahrt wird zum Lebensprogramm erhoben, das Ich dissoziiert, nimmt morbide Züge an. Ob dennoch eine Rettung möglich ist, werden erst die letzten Gedichte zeigen.

2.5 „Will kein Gott auf Erden sein": Auswege im Niemandland?

Entgegen der Auffassung von Youens, dem Umherirrenden aufgrund seiner regen Reflexionsbemühungen eine realistische Weltwahrnehmung zu konstatieren[166], belegen die letzten Gedichte diametral zu dieser Forschungsmeinung eine deutlich imaginativ-selbstzerstörerische Tendenz.

Scheint der Reisende doch zuletzt völlig verloren im Bann seiner (Alb-)Traumwelt, stellt „Die Rast" eine scheinbare Revitalisierung in Aussicht. Denn im vollen Bewusstsein erkennt der Wanderer: „Nun merk ich erst, wie müd ich bin, / Da ich zur Ruh mich lege"[167]. Mit dieser resignativen Erkenntnis geht auch der Wiedereinzug in die Realität einher. Nachdem der Reisende im Haus eines Köhlers kurzzeitig Einkehr findet, setzt er der Illusion die Reflexion entgegen. Klar dominiert dabei der Schmerz die Szenerie. Denn auch das vermeintliche Ruhen im Haus des Köhlers kann die Feststellung nicht überschatten, dass die Glieder des Vagabunden kein Anhalten zulassen. Der Tod ist ihm in Form seiner Erschöpfung, der er in seiner zwanghaften Dynamik nicht zu entrinnen vermag, unmittelbar vor Augen. Auch der Köhler, der „lebendiges Material (Holz) in totes (Kohle) umzuwandeln" weiß, gibt dem Tod eine subtile Präsenz und legt in dem Gedicht „Die Rast" eben nur oberflächlich eine Wiedererlangung der Lebenskräfte nahe. Die Rückkehr einer realistischen Sichtweise ist daher nur von kurzer Dauer.

Spätestens „Die Nebensonnen" treiben den Wanderer zurück in seinen entlegenen Vorstellungskosmos. Wie „in einen hypnotischen Lähmungszustand"[168] versetzt, vereinigt der Wanderer sein imaginatives

163 Wittkop, Polyphonie und Kohärenz, S. 131.

164 Bonheim, Lob des Versagens, Versuch über das Sterben, S. 130.

165 Ebd., S. 131.

166 Vgl. Youens, „Der Lindenbaum", S. 326.

167 Müller, Die Winterreise, S. 124.

168 Wittkop, Polyphonie und Kohärenz, S. 135.

Schauen mit den „Drei Sonnen“[169], von denen lediglich noch eine am gedachten Firmament als minimale Lichtquelle präsent scheint. Obwohl das verlorene Mädchen in der zweiten Hälfte eigentlich keine tragende Bedeutung mehr spielt, könnten die beiden untergegangenen Sonnen die starr gewordenen Augen der Geliebten repräsentieren[170], die an dieser Stelle nicht nur, wie Stoffels zu verstehen gibt, einen weiteren „Rückblick auf verlorenes Liebesglück“[171] widerspiegeln, sondern wohl insgesamt für den Verlust jeglicher menschlicher Beziehung stehen könnten. So sagt das lyrische Ich doch in klagendem Duktus: „Ach, *meine* Sonnen seid ihr nicht“[172]. Die erdachte Begegnung mit den Nebensonnen stellt somit eine weitere Steigerung des Verfallsprozesses des Ichs dar. Es ist ein Potentat der Verzweiflung, das nicht nur in verworrenen Phantasmagorien thematisiert wird, sondern es geht auch um die „Starre als Unbeweglichkeit, als Kältestarre, die auch den optischen Sinn beeinträchtigt: Der Blick wird ebenfalls starr“[173], der Wanderer verkommt in seinem außergesellschaftlichen Dasein zum versteinerten Schattenwesen. Er verliert nicht nur die mentale Klarheit, auch seine Sinne, in Speziellen hier das Sehvermögen, fallen dem Niedergang anheim. Der Leser wird dabei zum Beobachter des „Absterben[s] jeglicher Lebenserwartung“[174].

Der „Leidensweg“[175] des Vagabunden wirkt aber insbesondere dadurch zersetzend, dass er einem dauerhaften Oszillieren zwischen Halluzination und wachsamer Reflexion entspricht. So setzt sich das Ich aus der Perspektive Kohls im Gegensatz zur Erstarrungssituation angesichts der Nebensonnen „mit dem *Frühlingstraum* erstmals physisch wie psychisch zur Wehr“[176] gegen den ihn bedrohenden, halluzinatorischen Sog. Es erzählt im Modus der Vergangenheitsbewältigung von den Blumen, die es erträumte, und der Geliebten, der er sich tief verbunden fühlte[177]. Die alliterative Deskription „als die Krähen krähten“[178] lässt allerdings erneut Monotonie und, weil das reimliche Korrelat fehlt, Disharmonie aufkommen. Dennoch ist das Gedicht keineswegs von einem Rückfall in

169 Müller, Die Winterreise, S. 125.

170 Vgl. Bonheim, Lob des Versagens, Versuch über das Sterben, S. 134.

171 Stoffels, In kristalline Formen getriebene Reflexion, kokett bis zynisch., S. 157.

172 Müller, Die Winterreise, S. 124.

173 Wittkop, Polyphonie und Kohärenz, S. 135.

174 Kreuels, „Die Winterreise“ des Wilhelm Müller (und des Franz Schubert), S. 100.

175 Bonheim, Lob des Versagens, Versuch über das Sterben, S. 142.

176 Kohl, Wilhelm Müllers „Die Winterreise“ oder wie Dichtung entsteht, S. 23.

177 Vgl. Müller, Die Winterreise, S. 126.

178 Ebd.

die Verblendung zu verstehen. Vielmehr deutet es eine Konfrontation mit der Wirklichkeitswahrnehmung an. Obwohl die Fassungslosigkeit über die eigene Entwurzelung den Wanderer bislang in die bodenlose Schwermut hineintreibt und in manchen Phasen ein Identitätsverlust nahe scheint oder gar als sicher gelten kann, schließt das hiesige Gedicht an ein schon angedeutetes, offenbar Halt versprechendes Charakteristikum an. Im bewussten Prozess des Nachdenkens „sitz ich hier alleine / und denke dem Traume nach" wird deutlich, dass der Wanderer „sich auch für eine poetische Sichtweise"[179] seiner Vergangenheit und der damit verbundenen Traumphasen entscheidet. Nur so kann überhaupt die künstlerische Gestalt des lyrischen Berichtens des Reisenden erklärt werden. Indem er dichtet, lebt er. „Die Augen schließ ich wieder, / Noch schlägt das Herz so warm"[180] gibt erstmals nach einer langen Periode der Todesnähe wieder ein Lebenszeichen zu erkennen. Es wird „die erbarmungslose Entkleidung des Scheins"[181] vollzogen. Der Frühling, den er in der Außenwelt nicht wiederherstellen kann[182], ist rein im Inneren verhaftet, den die Dichtung zu externalisieren vermag. Damit wird einsichtig, dass die erstarrte Natur hier, entgegen der typisch-epochalen Naturempfindung[183], eben keine Erlösung für den Wanderer bieten wird, zum ersten Mal bezeichnet er indirekt die „Natur als Projektionsgegenstand der Empfindungen und Erkenntnis"[184]. Die Vergegenwärtigung des einstmaligen Glücks ist „eine[r] Utopie, die es dem Ich ermöglicht, indem es in kreativer Weise auf das bildliche Material des Traums zurückgreift, seine verlorene Einheit – wenigstens interimsweise – neu zu stiften"[185]. Nur in ihm, also am Schmelzpunkt der Verinnerlichung, können die Spannungsverhältnisse und die erschreckende Zerrissenheit des Ichs überhaupt synthetisiert werden. Ein bloßer Realismus wäre dazu kaum geeignet. Wesentlich für das jetzige Stadium der Identität ist vor allem aber, dass der Prozess des Träumens im Sinne einer dichterischen Vergangenheitsaufarbeitung im klaren Bewusstsein erfolgt.

Obgleich das folgende Gedicht „Einsamkeit" der eben beschriebenen Herzenswärme zwar diametral entgegensteht, haben beide Gedichte eines gemein: Sie stellen sich dem Leben in all seiner Drastik und Leere.

---

179 Kohl, Wilhelm Müllers „Die Winterreise" oder wie Dichtung entsteht, S. 27.

180 Müller, Die Winterreise, S. 126.

181 Stoffels, In kristalline Formen getriebene Reflexion, kokett bis zynisch., S. 162.

182 Vgl. ebd.

183 Vgl. Schermuck-Ziesché, Orte der Dichtung, S. 190.

184 Ebd., S. 191.

185 Wittkop, Polyphonie und Kohärenz, S. 139.

Statt halluzinatorischem Eskapismus lokalisiert das Ich ungehemmt seine Position in der Welt. „Durch helles, frohes Leben, / Einsam und ohne Gruß"[186], wird dem Umherziehenden zweifelsohne gewahr, dass

> das jetzige Gefühl der Einsamkeit [...] inmitten von Menschen schmerzlich erfahren [wird], unter denen sich das Ich als Fremdkörper sieht. An keiner Stelle der *Winterreise* kommt das bewusste Erleben der eigenen Fremdheit [...] stärker, an keiner poetischer zum Ausdruck[187].

Spiegelbildlich projiziert der Wanderer sein Schicksal in die ihn umgebende Seelenlandschaft, worin er „Wie eine trübe Wolke / Durch heitre Lüfte geht"[188]. Einzig in seiner fernen Umgebung kann Freude vermutet werden. Die dafür auffällige Häufung heller „Ü"-Assonanzen der ersten Strophe steht diesbezüglich heterogen den dunklen „O"-Assonanzen der zweiten, von trauriger Selbsterkenntnis gezeichneten Strophe gegenüber.

Die äußeren Widerstände, im dritten Quartett anaphorisch mit der Interjektion „Ach" beklagt[189], galten lange noch der Schmerzbetäubung. Nun sind sie unmittelbar und unüberschattet. Geradezu pathetisch tritt das Ich ihnen deshalb mit „Mut!" entgegen. „Fliegt der Schnee mir ins Gesicht, / Schüttl ich ihn herunter"[190], proklamiert es so selbstbewusst, dass die Festigkeit schon fast wieder unglaubwürdig wirken muss[191]. Wird die Identität in den vergangenen beiden Gedichten über den wieder gefundenen Realitätsbezug zwar ein wenig stabilisiert, muten die Verse „Wenn mein Herz im Busen spricht, / Sing ich hell und munter"[192] doch keineswegs aufrichtig an. Auch die Bekundung „Lustig in die Welt hinein / Gegen Wind und Wetter!"[193] wirkt im imperativischen Modus eher wie eine Parole zur Selbstaufmunterung, wodurch das innere Weh gewissermaßen übertönt werden könnte[194]. Äußerlich zumindest erweckt das Ich einen gefestigten Eindruck, es beweist, wie der Titel schon appellativ zu verstehen gibt, Mut, indem es sich gegen alle äußeren Widerstände zu behaupten versucht. Diese agile Note demonstriert sogar „ein an Hybris grenzendes, prometheisches Selbstbewusstsein"[195], als der Reisende

186 Müller, Die Winterreise, S. 126.

187 Kohl, Wilhelm Müllers „Die Winterreise" oder wie Dichtung entsteht, S. 28.

188 Müller, Die Winterreise, S. 126.

189 Vgl. ebd.

190 Ebd., S. 128.

191 Vgl. Kohl, Wilhelm Müllers „Die Winterreise" oder wie Dichtung entsteht, S. 30.

192 Müller, Die Winterreise, S. 127.

193 Ebd.

194 Vgl. Kohl, Wilhelm Müllers „Die Winterreise" oder wie Dichtung entsteht, S. 29.

195 Ebd., S. 30.

schließlich bekennt: „Will kein Gott auf Erden sein, / Sind wir selber Götter."[196] Es klingt fast wie eine frühmoderne Lobeshymne auf den Existenzialismus und ist in seiner gesamten Spannweite sowie seiner signifikanten Pointierung am Ende des Zyklus von nicht zu unterschätzender Bedeutung.

Was sich schon in Form des Irrlichts als Vorbote zu erkennen gibt[197], spricht der Wanderer nun mit aller deprimierenden Deutlichkeit aus: Die Welt ist gott- und folglich sinnlos. Der Abschluss eines „inneren Passionsweges"[198], von Roswitha Schieb wird dies gänzlich im religiösen Pathos gesehen, postuliert nunmehr die Erkenntnis, dass „Dem nach einem Sinn in der Welt fragenden Individuum [...] sich keine übergreifende Synthese mehr"[199] ergibt und sein Existenzentwurf einzig diesseitiger Natur sein kann.

Da nun keine „Versöhnungsperspektive"[200] zwischen der Lebenswelt und einem ersehnten Jenseits mehr besteht, artikuliert der Wanderer übermütig seine „Gottesebenbürtigkeit, wo alle Götter tot sind"[201]. Angesichts jener nietzscheanischen Metaphysiknegation diagnostiziert der Umherirrende ein nihilistisches Weltbild. In diesem Zusammenhang wird nachvollziehbar, warum die Trauer über den Verlust der Geliebten lediglich Anlass für seine Reise ist. Der eigentliche Grund scheint eine umfassendere, durchaus metaphysische Beschwernis zu sein. Die lang andauernde Todessehnsucht und die Klage über eine vereiste Lebensrealität sind vielmehr Ausdruck eines unermesslichen Weltschmerzes, was sich im radikalen Entfremdungsprozess bis hin zur zeitweiligen Entpersonalisierung des Wanderers niederschlägt. Neben der Tatsache, dass er „die Suche nach einem zentrischen Sinn und begründenden Prinzipien endlich aufgibt"[202], ist nicht zuletzt auch die politische Desillusionierung jener Zeit maßgeblich für den empfundenen Weltschmerz verantwortlich. Die gescheiterte Hoffnung auf eine nationale Einheit sowie die markanten Umbrüche der aufkommenden Modernisierungsprozesse im Sinne einer Industrialisierung, Rationalisierung und Dynamisierung der Arbeits- und

196 Müller, Die Winterreise, S. 128.

197 Vgl. Kreuels, „Die Winterreise" des Wilhelm Müller (und des Franz Schubert), S. 100.

198 Schieb, „Die schöne Müllerin" und „Die Winterreise", S. 64.

199 Mattern, „Will kein Gott auf Erden sein, / Sind wir selber Götter", S. 297.

200 Ebd.

201 Ebd.

202 Hörisch, „Fremd bin ich eingezogen", S. 65.

Lebensverhältnisse[203] trugen in entscheidender Weise zur Entidentifikation der Menschen gegenüber ihrer Lebenswelt bei.

Davon geprägt ereilt das Gefühl, der Welt abhanden gekommen zu sein, auch den literarischen Kosmos des Wanderers. Sein Ausweg gilt einer provokativen Selbstbemächtigung, weil das Hoffen auf ein metaphysisches Heilsversprechen kaum über die sinnentleerte Verwindung der Welt hinwegzutäuschen fähig ist.

Im Nachhinein wird nun jenseits der depressiven Gemütslage des Wanderers auch der Grund für dessen egozentrische Selbstbezüglichkeit erkennbar. Die über weite Teile des Zyklus am Rande des Subjektverlustes befindliche Identität erscheint ganz auf sich selbst zurückgeworfen, ist sie doch einer sinnstiftenden Letztbegründung lose geworden. Weil die die identitäre Verfasstheit des Vagabunden nach wie vor als höchst zerbrechlich gelten darf, ist das aufgesetzte Pathos im hiesigen Gedicht zwar mit Vorsicht zu genießen. Dennoch lassen gerade der wiedergewonnene Grad an Reflektiertheit sowie die bewusste Selbstkonfrontation mit den Unwägbarkeiten der Außenwelt auf eine zunehmende Stabilisierung schließen. Wenn ein Gott nicht mehr als Orientierung existiert, muss das Individuum im Sinne eines nietzscheanischen Aktivismus selbst einen Daseinsentwurf wählen, der im Abschlussgedicht vor allem im Hinblick auf die Identitätskonstruktion genauer in den Fokus zu nehmen sein wird.

2.6 „Willst zu meinen Liedern / Deine Leier drehen?": Der Leiermann und die Kunst der Überwindung

Nach einer Leidensgeschichte steht am Ende die sublime Erkenntnis des Außenseiters, in ein transzendenzloses Diesseits geworfen zu sein. Vor allem das in der Forschung höchst umstrittene Abschlussgedicht „Der Leiermann" erfordert eine genaue Betrachtungsweise, um resümierende Aussagen über den abschließenden Identitätszustand des lyrischen Ichs generieren zu können. Insbesondere stellt sich zunächst die Frage, ob die zuletzt bezeichnete Selbstbehauptungsmotivation des Reisenden auch in diesem Gedicht eine Fortsetzung erfährt.

Gezeigt wird dem Leser ein durchaus musikalischer Grundton, der den Text in trochäischem Leierton durchzieht[204]. Denn „Drüben hinterm

203 Vgl. Honold, Lied-Wandel, S. 178.

204 Vgl. Wittkop, Orpheus im Winter –, S. 145f.

Dorfe / Steht ein Leiermann"[205]. Es ist sinnvoll, diesen präziser zu fassen, bevor er in Beziehung zum Wanderer gesetzt wird.

> Die erste Strophe präsentiert den Leiermann als einen Menschen, der in einer nicht mehr zu verschärfenden Weise außerhalb des sozialen Gefüges steht [...], ein Bettler zudem, der – da er nicht innerhalb des Dorfes bettelt – auch als ein Heimatloser zu betrachten ist[206].

Der Leiermann ist von Anfang an eine buchstäbliche Randfigur, die in seltsamer Weise ihre Leier in einer leblosen Umgebung spielt. Jenseits des Dorfes, welches dazu augenscheinlich in einer markanten Entfernung gelegen ist, findet sich nämlich kein Publikum.

Musikalisch über ein Enjambement gebunden heißt es konkreter über den Spielmann: „Und mit starren Fingern / Dreht er was er kann"[207], was ihm die Attribute eines ruhigen, gelassenen Temperaments[208] zuschreibt. Marginalisiert vom urbanen Raum verkörpert er gerade im Hinblick auf seine träge Verfasstheit „ein melancholisches Äquivalent des perpetuierenden Aufbruchs"[209] des Wanderers. Obgleich beide sich offenbar im Temperament unterscheiden respektive ergänzen, scheint ihnen doch zumindest die Einsamkeit gemein. Gleichsam werden in den monoton agierenden, von Kälte überkommenen Fingern „die Landschaft des Winters, die Bilder von Kälte, Eis und Frost [...] für die Erfahrung seelischer Erstarrung und Entfremdung, sozialer Isolation"[210] konnotiert, wodurch die Seelenlandschaft ebenso den Leiermann einschließt.

Das Gedicht steigert das destruktive Ausgesetztsein des Spielenden in der zweiten Strophe: „Barfuß auf dem Eise / Schwankt er hin und her"[211] verbildlicht drastisch „die Vorstellung von Labilität und Schwäche"[212]. Assoziativ sind daran die Entwurzelung und der Verlust von Bodenhaftung gekoppelt. Dass weiterhin „sein kleiner Teller / [...] ihm immer leer"[213] bleibt, erweckt den Eindruck, seine Tätigkeit habe einen für das Kollektiv unbedeutenden Charakter. Der Leiermann selbst wirkt deplatziert und ähnlich der Verortung des Wanderers, in egozentrischer Selbstbeschäftigung befangen.

---

205 Müller, Die Winterreise, S. 129.

206 Wittkop, Polyphonie und Kohärenz, S. 146.

207 Müller, Die Winterreise, S. 129.

208 Vgl. Vollmann, Wilhelm Müller und die Romantik, S. 81.

209 Bosse/Neumeyer, „Da blüht der Winter schön", S. 29.

210 Wittkop, Orpheus im Winter –, S. 142.

211 Müller, Die Winterreise, S. 129.

212 Wittkop, Polyphonie und Kohärenz, S. 147.

213 Müller, Die Winterreise, S. 129.

Die steigernde Kumulation der Vereinzelungsmerkmale, durch das oftmals auftretende parataktisch „Und" verfugt, wird in der dritten Strophe erneut in der Anapher des „Keiner" zugespitzt. Ohne auf eine Rezeption hoffen zu können, fristet der Leiermann ein Dasein in völliger Gleichgültigkeit seiner Mitmenschen. Einen impulsivierenden Effekt bietet die bedrohliche Präsenz der Hunde, die sein Außenseitertum noch aggressiv unterstreichen. Während auf klanglicher Ebene die dunklen „U"-Assonanzen („Und", „Hunde", „brummen") die düstere Stimmung intensivieren, vermittelt das Brummen der Hunde „Um den alten Mann"[214] ferner die für das Gedicht konstitutive Kreisbewegung des Leierns[215]. Die Monotonie und volksliedtypische Schlichtheit bestimmt oberflächlich den Stil des Gedichtes, was die vierte Strophe ebenso auf inhaltlicher Ebene fortzusetzen vermag. Geradezu passiv wird der Leiermann dabei nun als willenloses Wesen beschrieben: „Und er lässt es gehen / Alles, wie es will"[216]. Der Leiermann wird damit zum „Inbegriff eines empfindungslosen Subjekts entworfen, das [...] automatenhaft-starr"[217] in seiner Referenzlosigkeit dahinvegetiert. Er „Dreht, und seine Leier / Steht nimmer still"[218], ohne von der Außenwelt sichtbar rezipiert zu werden. Ferner ist mit ihm einhergehende Kunst an sich „zur tranceähnlichen, selbstvergessenen Mechanik des Kunstmachens abseits der Zivilisation"[219] geworden. Die Umwelt gleicht nicht nur einer lebens-, sondern zudem einer kunstfeindlichen Daseinsraum.

Über den Leiermann im Speziellen lässt sich inzwischen eine nachvollziehbare Beurteilung im Hinblick auf dessen Identität skizzieren. Indem sich das Leiern verselbstständigt, büßt der Musikant seinen eigenen Subjektstatus ein. „Dem Leiermann entgleitet an dieser Stelle seine Identität"[220].

Bis zu diesem Zeitpunkt bleibt das LyrischeIch im Hintergrund, nimmt einzig eine distanzierte Beobachterposition wahr. Erst in der letzten Strophe ereignet sich ein für den gesamten Zyklus epiphanisches Schlüsselmoment: „eine Zäsur; eine Wende bahnt sich an, ein Entschluss scheint im Wanderer gereift zu sein"[221], der erstmals seinen inneren Mo-

214 Müller, Die Winterreise, S. 129.

215 Vgl. Wittkop, Polyphonie und Kohärenz, S. 148.

216 Müller, Die Winterreise, S. 129.

217 Schieb, „Die schöne Müllerin" und „Die Winterreise", S. 64.

218 Müller, Die Winterreise, S. 129.

219 Stoffels, In kristalline Formen getriebene Reflexion, kokett bis zynisch., S. 164.

220 Wittkop, Polyphonie und Kohärenz, S. 149.

221 Bonheim, Lob des Versagens, Versuch über das Sterben, S. 177.

nolog durchbricht und den Versuch einer Dialogaufnahme eingeht. Das fünfte Quartett beinhaltet diesbezüglich zwei rhetorische Fragen:

Wunderlicher Alter,
Soll ich mit dir gehen?
Willst zu meinen Liedern
Deine Leier drehn?[222]

Entgegen dem Deutungsansatzes nach Menzel, den Schluss als Proklamation zur Aussichtslosigkeit zu verstehen[223], eröffnen die Fragen eine „avisierte Weggefährtenschaft“[224]. Geradezu beziehungsstiftend fungiert die Kunst, die beide Außenseiter miteinander verbindet. Nur über sie scheint eine Sinnherstellung, die beiden als einzelnen versagt bleibt, möglich. Wohingegen der Leiermann zwar dem verbalen Ausdrucksvermögen unfähig geworden ist, liefert er als pervertierte Orpheusfigur[225] mit seiner Lyra den melodischen Hintergrund, dessen Vollendung ansatzweise überhaupt im Ensemble mit der dichterischen Rede des Wanderers denkbar wird. Nachdem der Reisende in künstlerischer Feinpoesie dem Leser seine leidvolle Geschichte in bisweilen phantastischer Entrückung vor Augen geführt hat, kommen am Ende „zwei Dinge zusammen, die klassischerweise das Wesen von Lyrik ausmachen: Musik und Wort, Leier und Gesang.“[226] Darüber hinaus erfährt der stumme Leiermann die ersehnte Aufmerksamkeit: „Indem der Wanderer dem Leiermann seine Begleitung anbietet und ihm seine Lieder zur Verfügung stellt, begabt er den verstummten Orpheus mit seiner Stimme“[227], wodurch dessen mythologische Verzerrung gewissermaßen bereinigt wird.

Zweifelsohne kann Menzels Hypothese, es handele sich bei dem Subjekt in Müllers Zyklus um einen zeittypischen Handwerksgesellen[228], damit widerlegt werden. Vielmehr bestätigt sich Bonheims These: „Er ist ein Sänger, wahrscheinlich mehr noch ein Liederdichter“[229], der doch gerade in seinem Leiden ein kreatives Potenzial freilegt.

Aus dieser Argumentation heraus stützt sich die abschließende Interpretation auf Christiane Wittkops Lesart, die in der Schlusspassage die

222 Müller, Die Winterreise, S. 129.

223 Vgl. Menzel, Die Winterreise, S. 214.

224 Bonheim, Lob des Versagens, Versuch über das Sterben, S. 177.

225 Vgl. Wittkop, Orpheus im Winter –, S. 150.

226 Ebd.

227 Ebd., S. 151.

228 Vgl. Menzel, Die Winterreise, S. 210.

229 Bonheim, Lob des Versagens, Versuch über das Sterben, S. 177.

Restabilisierung des Ichs über einen denkbaren Kommunikationsversuch vermutet, weil allein über die Sprache ein Ausweg aus der Einsamkeit bestehen kann. Gleiches betont auch Werner Kohl: „Jedenfalls befreit sich das Ich mit der dialogischen Öffnung aus seiner bisherigen Isolation und beendet seine Winterreise selbst."[230] Obwohl das Duett zwar geschlossen von der Gesellschaft entwurzelt scheint, ist das Streben des Wanderers klar, „sein Fremdsein durch die Schaffung von Kunst zu überwinden."[231] Da die Gesellschaft hingegen mit ihren falschen Träumen und der Verflechtung in ein bürgerliches Normenkorsett keinen Anteil am künstlerischen Schaffen nimmt, kreiert der Wanderer zeitweise seine eigene kunstvolle Parallelwelt. So hält er während seines Unterwegsseins unerbittlich an seiner Zeichensetzung, wozu beispielsweise das Einritzen in den Bach zählt, aber natürlich vor allem am Erzählen fest, weil nur so die Kluft zwischen seliger Vergangenheit und deprimierend-politischer Gegenwart überwunden werden kann. Der Rückzug in die Innerlichkeit, das Festklammern an der Erinnerung aggregiert sich im autonomen Beschreiben der Seelenlandschaft[232].

Diese für die Identitätskonstitution wegweisende Erkenntnis mündet letztlich zielgerichtet in die Figuration des Leiermanns. Würde man ihn nur als Äquivalent des Wanderers betrachten, käme dies zu kurz. „Zugleich ist der Leiermann auch der Wanderer selbst"[233] und in dieser Selbsterkenntnis[234] gleichzeitig die bedeutende Reflexionsfigur. Sie hält dem Reisenden das Spiegelbild vor. Die stellenweise bedrohte bis gar depravierte Identität des lyrischen Ichs findet ihre Festigung geradewegs in der Identifikation mit dem Leiermann wieder[235]. Da eine Identifizierung mit den Prinzipien der Gesellschaft ausgeschlossen wird, fokussiert der Reisende seine identitäre Zugehörigkeit auf den Leiermann. Die für die Identität notwendige „Herstellung von Kohärenz"[236] wird geradezu in dessen Spiegelbild vollzogen. Zwar wäre es unbegründet, von einer endlichen Erfüllung zu sprechen, zumal der Wanderer ja auf seine rhetorischen Fragen noch keine Antwort erhält. Dennoch überzeugt insbesondere das volksliedhafte Abschlussgedicht in seiner klaren und reinen Form durch seine realitätsbezogene Lokalisierung. Statt Halluzinationen

230 Kohl, Wilhelm Müllers „Die Winterreise" oder wie Dichtung entsteht, S. 34.

231 Ebd., S. 37.

232 Vgl. Wittkop, Polyphonie und Kohärenz, S. 157.

233 Bosse/Neumeyer, „Da blüht der Winter schön", S. 29.

234 Vgl. Mattern, „Will kein Gott auf Erden sein, / Sind wir selber Götter", S. 298.

235 Vgl. Eisenhardt, Wilhelm Müllers Komponisten, S. 33.

236 Berger, Identität, S. 47.

und alleinigem Eskapismus in die Innenwelt strebt der Wanderer mehr denn je eine kommunikative Lösung seiner beklagenswerten Genese in der Wirklichkeit an.

Andererseits darf die omnipräsente Zerrissenheit des umherziehenden Künstlers, die fast den gesamten Zyklus überschattet, nicht übereilt relativiert werden. Nach wie vor steht er mit dem Leiermann im Abseits gesellschaftlicher Heimat. Auch der Winter als Spiegelbild der gebrochenen Lebenswirklichkeit wird im letzten Gedicht nicht aufgelöst. Er bleibt vielmehr in all seiner schreckenserregenden Gewalt die den Zyklus umspannende Konstante. Für die Identitätskonstruktion kommt daher folgende Konklusion zustande: Zwar gelingt es dem Wanderer zum Ende, wenn auch noch unsicher und beschwerlich, seine Identität im Künstlertum, genauer im Sinne „eines kommunikativen Selbstverhältnisses"[237] zu behaupten. Gleichwohl liegt diese als eine entfremdete vor, da sie nicht in der Lage ist, die unheilvolle Diskrepanz zwischen Ich und der Welt zu überwinden. Angelehnt an Rousseau schärft sich das Bewusstsein, „dass die Einsamkeit des Einzelnen das Resultat der unausweichlichen moralischen Dekadenz zivilisierter Gesellschaften sei, mit deren Entwicklung wir uns von der Harmonie des Natürlichen auch in uns selbst entfernt haben."[238] Das Subjekt fühlt sich als ein Getriebener, dessen Heimat jedoch niemals die ihn umgebende Welt sein kann. Die Modernität jener unsteten Obdachlosigkeit schlägt sich ebenso im Identitätsdiskurs nieder:

> Das Denken von Kontinuität ist im Rahmen einer lebensgeschichtlich perspektivierten Theorie personaler Identität unweigerlich ein Denken von Veränderung, mit anderen Worten: ein Denken eines als Werden gedachten Seins.[239]

Müllers Wanderer weiß weder eine auf Dauer angelegte Ankunft in der menschlichen Gemeinschaft noch eine erfüllende Existenzweise in der Natur vorzufinden. Er bewahrt zwar letztendlich seine Identität in grundlegenden Zügen, aber er wird immer ein Fremder sein.

---

237 Straub, Identität, S. 278.

238 Wetzel, Wintereinsamkeit, S. 190.

239 Straub, Identität, S. 286.

3 „Ich möchte seicht sein": Voraussetzung und Einordnung

Ich führe im letzten Kapitel vor, „wie in der *Winterreise* die Leere, die Stille als bestürzend modernes Moment hereinbricht"[240]. Dass diese Bewegung der Entleerung auch bei Jelinek in Form von Häutungsprozessen eine Rolle spielt, werden das hiesige und das vierte Kapitel herausstellen. Um jedoch aus einer ganzheitlichen Perspektive Aussagen über die identitätsbezoge Beziehung zwischen den beiden Figuren der Untersuchungstexte zu generieren, ist es unabdingbar, einige Voraussetzungen und Einordnungen vorwegzunehmen. Zunächst richtet sich im hiesigen Kapitel das Augenmerk auf die bisherige Auseinandersetzung der Wiener Autorin mit Müllers „Die Winterreise". Dabei erweist sich ihre Bezugnahme auf den romantischen Liederzyklus in ihrem prominenten Roman „Die Klavierspielerin" als geradezu proleptisch für Jelineks neuesten Dramentext. Damit nicht die Zielführung der Untersuchung außer Acht gerät, konzentriert sich die Abschlussarbeit mich im Rahmen eines Exkurses ausschließlich auf diese Vorlage. Eine Einbeziehung des Romans „Lust" – jener ist auch an einigen Stellen mit intertextuellen Bezügen zu Müllers Liederzyklus durchsetzt – würde die Kapazitäten der Arbeit, welche ja die „Winterreise" fokussiert, überschreiten. Im Übrigen zeugt „Die Klavierspielerin" von einer größeren inhaltlichen Nähe zu den beiden Winterreisen, da nicht zuletzt das Wandermotiv dort deutlicher zutage tritt.

Obwohl die Kapazitäten der vorliegenden Untersuchung zwar keine umfassende Analyse des Identitätsentwurfes respektive intertextueller Referenzialität zulassen, soll zumindest kursorisch „Die Klavierspielerin" in Bezug auf die Art der Bezugnahme unter einer identitätsbezogenen Fragestellung näher beleuchtet werden. Gerade auf diesem Wege gibt

240 Reininghaus, Solide Melancholie, stürmischer Morgen., S. 118.

sich zu erkennen, ob in der Aneignung und Reflexion des Müller'schen Prätextes eine mögliche Entwicklung zu konstatieren ist.

Nachdem in dieser Hinsicht überblicksartig „Die Winterreise" in Jelineks Schaffenskosmos kontextualisiert sein wird, ist es zweckdienlich, vor allem ein wenig präziser das Verständnis ihrer postdramatischen Inszenierungsweise, die sie in ihrer „Winterreise" zugrunde legt, zu strukturieren. Es wird zu sehen sein, dass nicht zuletzt dieser theoretische Hintergrund eine maßgebliche Bedeutung für die zu untersuchende Identitätskonstruktion haben wird. Die daraus gewonnenen Erkenntnisse sollen dann unmittelbar auf die Anatomie unseres zweiten Textes angewandt werden.

3.1 Exkurs: „Erika hat alles an sich geschlossen, was da Verschlüsse hat": Das demontierte Ich in „Die Klavierspielerin"

Bereits zu Beginn des Romans „Die Klavierspielerin" ist von Erikas „Wanderjahre[n]"[241] die Rede, womit jedenfalls eine thematische Verwandtschaft zu Müllers Wandergedichten nahe liegt. Dass „Die Winterreise" dem Text als vielschichtige Folie, auch für Erikas Identitätsverfasstheit, unterlegt ist, wird der hiesige Abschnitt herausstellen.

Im Zentrum des Romans steht die Klavierspielerin Erika Kohut, deren Karriere, entgegen des mütterlichen Bestrebens, ihre Tochter zur gefeierten Pianistin zu dressieren[242], jäh in der Lehrposition am Wiener Konservatorium endet. Unter dem eisernen Regiment des Matriarchats wird die Protagonistin in völliger Isolation „konserviert"[243]. Mit ihrer Mutter als Gravitationspunkt fristet sie ihre Existenz in der „kleinbürgerlichen Enge einer vollgestellten Wohnung […], in der sie wie ein Ehepaar das Bett miteinander teilen."[244]

Ausgleichend zum heimischen Verfallsprozess versprechen einzig ihre geheimen, jenseits der bürgerlichen Moral stattfindenden Besuche von Peep-Shows ein Gefühl von Leben noch zu vermitteln. Im männlichen Beobachtungsfokus auf die nackten Frauen ist sie „ganz Auge und Ohr. Ihr verlängertes Auge ist das Fernglas. Sie vermeidet die Stege, wo die andren Wanderer gehen. Sie sucht die Punkte, wo die andren Wanderer

241 Jelinek, Die Klavierspielerin, S. 8.

242 Vgl. Von Hoff, Textualität und Visualität, S. 189.

243 Vgl. Hoffmann, Die Bande der Liebe, S. 61.

244 Von Hoff, Textualität und Visualität, S. 189.

sich vergnügen"[245]. Dass Jelinek in dieser Textpassage Müllers Prätext in nuancierter Abwandlung – „Was vermeid' ich denn die Wege, / Wo die andern Wandrer gehn, / Suche mir versteckte Stege"[246] – zitiert, bringt eine ambivalente Aussage zum Vorschein: Einerseits drückt die Müller'sche Folie des gesellschaftsfernen Wanderns die ungemeine Einsamkeit Erikas aus, die uns euphemistisch als eine „Individualistin" respektive „Einzelpersönlichkeit"[247] präsentiert wird. Gleichgesetzt werden die „Einsamkeit und das sehnsuchtsvolle Suchen [des Wanderers] nach einem Gegenüber [...] mit einem zwanghaft aggressiven Sehverhalten, das am Sexuellen orientiert ist"[248], aber im Grunde keine Erfüllung bietet. Auf die psychologische Bedeutung jenes Verhaltens wird sodann noch eingegangen werden. Die oberflächliche Folge beinhaltet jedenfalls, dass „in der Nacht, wenn alles schläft und nur Erika einsam wacht"[249], die wahre Sehnsucht nach Liebe im Alleinsein unbestätigt bleibt. Wie der Umherziehende des Liederzyklus[250] „stemmt [sie] sich gegen den Sturm"[251] in Form von Natur und der „miese[n] Menschenmassen"[252], bis ihr Alleinsein in einer kalten Leere mündet.

Andererseits implizieren die abseitigen Wege als tabuisierte Unorte sexuellen Freiertums gegenüber Müllers Kontext eine parodistische Tendenz[253]. Obwohl Sziliva Gál zwar einem Komponistenirrtum unterliegt, fasst sie die zweite, streng dekonstruktive Deutung treffend zusammen: „Die Dimensionen von Trauer und Liebe werden in den zitierten Texten, wie im Falle des Schumann-Liedes *Die Winterreise* von Wilhelm Müller, unmittelbar in Sexuelles übersetzt [...] [und durch] Montage und Zitat die Prätexte destruiert"[254]. Die Forschung ist uneins: So wird der Prätext an dieser Stelle sowohl beglaubigend als auch parodistisch eingesetzt.

Wohingegen der Außenkosmos beider Figuren Anlass zur Disharmonie bietet, offerieren Scheinwelten eine verlockende Ersatzexistenz.

---

245 Jelinek, Die Klavierspielerin, S. 140.

246 Müller, Die Winterreise, S. 121.

247 Beide Zitate: Jelinek, Die Klavierspielerin, S. 14.

248 Von Hoff, Textualität und Visualität, S. 193.

249 Jelinek, Die Klavierspielerin, S. 12.

250 Auch Müllers Wanderer ist immer wieder den widrigen Wetterbedingungen als Inbegriff der gesellschaftlichen Kälte und Vereinsamung ausgesetzt. In dem Gedicht „Mut!" bekundet er seine Wehrhaftigkeit „Gegen Wind und Wetter!", S. 43.

251 Jelinek, Die Klavierspielerin, S. 91.

252 Ebd., S. 22.

253 Lücke, Elfriede Jelinek, S. 74.

254 Gál, Die Irrwege der Sprache, S. 192.

Eilt der Wanderer noch realitätsfern einem Irrlicht nach, sucht Erika beispielsweise ihr Irregehen in voyeuristischen Eskapaden auf den Praterauen, von denen es – wiederum in sprachlicher Anlehnung an Müller – heißt: „So gut wie nie verirrt sich eine Frau hierher"[255]. Obwohl beide in ihren jeweiligen Refugien – der eine in der Phantasie, die andere in der Observation – nach einer einheitlichen Identitätkonstitution streben, wirken ihre Persönlichkeiten zu dem Zeitpunkt der Figurengenese deformierter denn je.

Ihre Umwelten sind ignorant bis abweisend. Lässt sich die Identität des Reisenden durchaus als dezentriert beschreiben, zentrifugiert Erika beständig um einen Punkt: die allgegenwärtige Übermutter, „Inquisitor und Erschießungskommando in einer Person"[256].

So befindet sich Erika spätestens seit dem Ausscheiden ihres Vaters in deren „matriarchalischen Brutkasten"[257], wo sie von Anfang an rigoroser Kontrolle untersteht. Konkret ist sie im „Lehmklumpen" materialisiert: „Die Mutter ging sofort daran, ohne Rücksicht ihn zurechtzuhauen, um Reinheit und Feinheit zu erhalten"[258]. Jedweder Schmutz[259] wird am Besitztum Erika „zurechtgeschrubbt"[260]. Es wird in diesem Passus die verheerende Omnipotenz der Mutter sichtbar, die bei ihrer Tochter die Herausbildung eines eigenen Subjekts unterdrückt.

Der hauptsächliche Kompensationspunkt zur mütterlichen Repression besteht ferner in der fatalen Rollenübernahme respektive -zuweisung der abwesenden Vater- und Ehemannsfigur, was auf einen psychoanalytischen Interpretationszugang zum Werk referiert. Im Mittelpunkt dieses Horizonts steht die „deconstructing womenhood"[261], die aus der bewussten Vermännlichung Erikas durch die Mutter resultiert. Indem Erika nahezu alle Lebenssphären, einschließlich des vormaligen Ehebetts, teilt, ist sie „fitted with his [des Vaters] phallus"[262]. Die Schieflage im Geschlechtsbewusstsein vollzieht sich insbesondere aus der Diskrepanz zwischen einem verhinderten, unterdrückten weiblichen Bewusstsein Erikas und der zugeschriebenen Funktion als maskulines Beziehungsglied. Jener Phallozentrismus fungiert sogar als „Symbol des Sub-

---

255 Jelinek, Die Klavierspielerin, S. 51.

256 Jelinek, Die Klavierspielerin, S. 5.

257 Burger, Der böse Blick der Elfriede Jelinek, S. 24.

258 Beide Zitate: Jelinek, Die Klavierspielerin, S. 25.

259 Vgl. Böhmisch, Jelinek'sche Spiele mit dem Abjekten, S. 33.

260 Jelinek, Die Klavierspielerin, S. 23.

261 Solibakke, Musical Discourse in Elfriede Jelinek's *„Die Klavierspielerin"*, S. 252.

262 Ebd., S. 259.

jektseins"[263] überhaupt und besetzt die konturenlose Identität der Protagonistin.

Im Zuge des Hineinwachsens in jene geschlechtlich fremde Rolle übernimmt sie somit das Verhalten und sogar die Wahrnehmung des männlichen Blicks, was sich in den bezeichneten Voyeurszenen wiederfindet[264]. Wenn Erika die nackten Frauen im Prater beobachtet, erkennt sie, woran es ihr mangelt[265]. „Erika hat das Gefühl von massivem Holz dort, wo der Zimmermann bei der echten Frau das Loch gelassen hat"[266]. Nur über das Schauen wird sie sich ihrer Person als Defizit, als „reine[r] Mangel"[267], bewusst.

Ähnlich wie bei Müllers Wanderer erfolgt die Selbstreflexion über eine Außenbeschauung. Sogar die Vergegenwärtigung der eigenen Lebendigkeit wird über die Selbstansehung externalisiert. Der perverse Höhepunkt jener Außenwahrnehmung wird in einer mit Müllers Worten unterlegten Selbstverstümmelung inszeniert. Als Erika sich mittels des väterlichen Rasiermessers, folgerichtig aus ihrer vermännlichten Rolle heraus, in den Handrücken schneidet, rinnt aus der Wunde das Blut als fühlbares Lebenszeichen. Im wörtlichen Zitat „Folge nach nur meinen Tränen, nimmt dich bald das Bächlein auf"[268] wird es mit den Tränen des Wanderers assoziiert. Trotz Sinnverrückung wird in beiden Situationen aber dieselbe Motivation erkennbar: Müllers Ich aggregiert in den Tränen die lebenswichtige Erinnerung, die den Wanderer über lange Zeit im Persistieren in der Vergangenheit ein Überleben ermöglicht. Erika hofft über das Blut selbst sich ihres Existierens gewahr zu werden. So dienen die Externalisierungen, genauer der von außen verursachte Zugang, jedenfalls dem zumindest vorübergehenden Erhalt einer bedrohten Identität. Dagmar von Hoff sieht in dem intertextuellen Verweis noch eine steigernde Komponente: Müllers Neuverortung im Jelinek'schen Text offenbare nicht nur eine tiefe Sehnsucht, sondern verstärke die Einsamkeit durch die entrückte Kontextualisierung zu „eine[r] unaufhörlichen Selbstverletzung"[269], was wiederum für eine Beglaubigung und Reinszenierung des Identitätsentwurfs des Wanderers sprechen würde.

---

263 Janz, Elfriede Jelinek, S. 77.

264 Vgl. Janz, Elfriede Jelinek, S. 72.

265 Vgl. Liebrand, Gegenwartsliteratur, S. 36.

266 Jelinek, Die Klavierspielerin, S. 53.

267 Ebd., S. 54.

268 Ebd., S. 45.

269 Von Hoff, Textualität und Visualität, S. 192.

Neben der gesellschaftsspezifisch sowie geschlechtlich verhinderten Subjektwerdung gibt es noch eine dritte maßgebliche Fremdbestimmung, die Erika beeinflusst. Jene ist wiederum auf die bestimmende Instanz der Mutter konzentriert. Betrachtet man das offensichtliche Bestreben der Mutter, die Tochter in das Korsett der musikalischen Aktivitäten zu fassen, nicht nur als Spiegel ihres unbefriedigten Narzissmus, kommt der Pianistin darüber hinaus noch eine ökonomische Zweckmäßigkeit zu. Insbesondere die Facette des kleinbürgerlichen Sparers[270] veranlasst die Mutter in Erika einen lukrativen und für die Erfüllung ihrer Wünsche, nämlich den Erwerb einer Eigentumswohnung, notwendigen Wirtschaftsfaktor zu sehen[271]. Indem sie ihre Tochter permanent überwacht, agiert sie „wie ein Unternehmer“[272], der darauf achtet, dass sich kein unnötiger Kapitalsverlust einstellt. Erika ist die „Warenproduzentin [...], die lediglich auf ihren ökonomischen Gebrauchswert hin erzogen“[273] ist. Da ihre Persönlichkeit durch ihre Hausherrin gänzlich als eine wirtschaftliche definiert wird, bleibt die Entwicklung differenzierter, individueller Züge aus. Eine freie Entfaltung wird insbesondere in der darin verankerten Zweckmäßigkeit erstickt[274], die sich auf die gesamte Wahrnehmungs- und Interaktionsstruktur der Pianistin auswirkt. So entspricht, folgt man Youngs These, die Musik dem Warenhaus, wo Erika zwar ihren Verdienst erwirtschaftet, dazu jedoch keinen Zugang bekommt[275].

In der Ökonomisierung der Protagonistin[276] ergibt sich eine weitere Parallele zur Identitätsentfremdung des Müller'schen Wanderers. So wissen wir, dass die Beziehung zwischen dem lyrischen Ich und seiner Geliebten auch aus Gründen der finanziellen Ungleichheit scheitert. Der reichen Braut[277] kann der Wanderer wirtschaftlich nicht gerecht werden, wodurch dem Geld ähnlich der hoffnungslosen Situation Erikas ein bestimmendes Entfremdungsmomentum[278] zukommt.

Konstitutiv für das Verständnis des Werkes ist insgesamt, dass „die Tochter kein unabhängiges Selbst entwickeln“[279] kann, da sie „in der

---

270 Vgl. Jelinek, Die Klavierspielerin, S. 7.

271 Vgl. Young, „Am Haken des Fleischhauers“, S. 75.

272 Ebd., S. 76.

273 Young, „Am Haken des Fleischhauers“, S. 78.

274 Vgl. ebd.

275 Vgl. ebd.

276 Vgl. Cho-Sobotka, Auf der Suche nach dem weiblichen Subjekt, S. 144.

277 Vgl. Müller, Die Winterreise, S. 10.

278 Vgl. Brunner, Die Mythenzertrümmerung der Elfriede Jelinek, S. 147.

279 Young, „Am Haken des Fleischhauers“, S. 74.

Giftgasatmosphäre possessiver Mutterliebe“[280] schier zu ersticken droht. Eine gewachsene Selbsterfahrung des weiblichen Körpers und damit eines genuin femininen Bewusstseins ist damit unmöglich. Nicht allein die Verbindung zur Mutter, sondern alle Beziehungsmuster scheinen regelrecht pervertiert. Insbesondere die gestörte Interaktion zwischen ihr und ihrem Schüler Walther Klemmer, welche im Höhepunkt der Vergewaltigungsszene mehr in einem „Liebeskrieg“[281] Gestalt annimmt, zeugt von der frappierenden Bindungsunfähigkeit Erikas. Ein gesundes Liebesempfinden gelangt aufgrund der Vermännlichung ihrerseits nicht über die Verhandlung von Macht und Ohnmacht hinaus. Auch die Identität des Wanderers steht im Zeichen unerfüllter Liebe und Bindungsunfähigkeit. Als Konsequenz daraus macht sich bei ihm allmählich ein Todeswunsch breit. Das „Schattenwesen“[282] Erika braucht hingegen kaum den Wunsch mehr zu hegen, da sie längst zum inneren Zerfall[283] und damit per se zur dauerhaften, aber nicht zum befreienden Vollzug gelangenden Todesnähe[284] verurteilt ist.

Auch die sie umgebende Natur weiß den Außenseitern keinen Ausweg zu geben. Während Müller in die unwirtliche Landschaft die zerklüftende Kälte der Entfremdung des Wanderers hineinprojiziert, problematisiert Elfriede Jelinek die entrückte Sichtweise des modernen Menschen im Hinblick auf die Natur. Wird in der „bürgerliche[n] Naturästhetik die Natur […] mit moralischen Attributen belegt“[285] und das Naturschöne in Adornos „Ästhetischer Theorie“ noch als der Gegenentwurf zur entfremdeten Gesellschaft bezeichnet[286], kehrt Jelinek diese utopische Imagination in die Persiflage um. Ferner impliziert auch Erikas Umgang mit der Natur ein widersprüchliches Verhalten. Exemplarisch wird dies in der Schilderung der Spaziergänge von Mutter und Tochter in der Natur vor Augen geführt:

> denn sie vermögen sich an der Natur zu erfreuen, wo immer sie ihrer ansichtig werden. Kommt ein rieselndes Bächlein daher, wird daraus auf der stelle frisches Wasser getrunken. Hoffentlich hat kein Reh hineingepisst. Kommt ein dicker Baumstamm oder ein dichtes Untergehölz, dann kann

280 Burger, Der böse Blick der Elfriede Jelinek, S. 24.

281 Liebrand, Traditionsbezüge, S. 31.

282 Lücke, Elfriede Jelinek, S. 79.

283 Vgl. Hoffmann, Die Bande der Liebe, S. 60.

284 Vgl. Janz, Elfriede Jelinek, S. 73.

285 Klettenhammer, „Das Nichts, das die Natur auch ist“, S. 320.

286 Vgl. Gürtler, Die Entschleierung der Mythen von Natur und Sexualität, S. 124.

man selbst hinpissen, und der jeweils andere passt auf, dass keiner kommt und frech zuschaut[287].

Einerseits verweist darin der Diminutiv „Bächlein" sowie die nahezu grundlose Heiterkeit angesichts der Natur im ersten Teil des Zitats auf eine durchaus harmonisierte Naturvorstellung[288], andererseits wird diese wiederum im zweiten Teil radikal desillusioniert. Gerade die *freie* Natur, die vor sich hinrieselt, fällt sogleich dem Kontroll- und Aneignungsmechanismus der beiden anheim, die den Bach mit ihren Exkrementen besetzen. Statt sich demnach mit der natürlichen Umwelt zu identifizieren, grenzt sich Erika ab. Die Natur gilt als unrein[289] und in ihrem ungehemmten Lauf per se als bedrohlich[290]. Unternimmt Müllers Wanderer noch den Versuch, in seinen Erinnerungen beinhaltenden Tränen, die er in den Bachlauf gibt, die Natur produktiv zu nutzen und eine mögliche Einheit von Ich und Welt wiederherzustellen, zieht Erika vielmehr die Künstlichkeit vor, die ihr jedoch keine Erfüllung bieten kann. „Kunstwimper wird auf Naturwimper geklebt. Tränen fließen"[291] akzentuiert dabei nochmals anschaulich die Problematik der identitären Entfremdung vom natürlichen Umfeld. Eine Identitätsstiftung kommt in der „Herstellung von Natur durch Kunst, welche das Artefakt mit Natur verwechselt"[292], nicht zustande.

Insgesamt wird die kaum mehr differenzierbare Verwobenheit der Entfremdungsursächlichkeiten deutlich. Geschlechtsspezifische Vermännlichung, musikalische Disziplinierung, Unbehangen gegenüber der Natur sowie eine radikale Reduktion Erikas zur wirtschaftlichen Funktionseinheit werden in einer Szenerie der Gewalt miteinander verbunden, erzeugen Menschenfremde und Orientierungslosigkeit. Verantwortlich für Erikas zunehmende charakterliche Inkonsistenz könnte somit die Prägung durch die unterschiedlichen Lebenshemisphären sein, in denen sie gefangen ist, da sie „zugleich die ‚befehlende' Mutter [gegenüber Klemmer] und das ‚gehorchende' Kind [...] ‚Sklavin' und ‚Herrin', ‚Mann' und ‚Frau'" ist. Ein zweifelsfrei weibliches Selbstbewusstsein bleibt aus. Die insbesondere durch die mütterliche Autorität hervorgerufene Subjektentfremdung hin zur Kommodifizierung gibt eine rollenbezogene Mehrfachbesetzung deutlich zu erkennen. Indem sich die Prota-

287 Jelinek, Die Klavierspielerin, S. 33f.

288 Vgl. Solibakke, Musical Discourse in Elfriede Jelinek' S *Die Klavierspielerin"*, S. 258.

289 Vgl. Wright, Eine Ästhetik des Ekels, S. 55.

290 Vgl. Doll, Mythos, Natur und Geschichte bei Elfriede Jelinek, S. 100.

291 Jelinek, Die Klavierspielerin, S. 60.

292 Wagner, Österreich, eine S(t)imulation, S. 134.

gonistin zwischen divergierenden Rollenentwürfen selbst zu verlieren droht, erweist sich Erikas Identität per se als „flüssige / fluide Demarkationslinie"[293].

Heimatlos umherziehend unternimmt sie den Versuch der Emanzipation von Mutter und Geschlecht, um das eigene Ich zu entwickeln. Sie ist eine Figur des Dazwischenseins, deren defizitäre Subjektkonstitution keine Folge von Entgrenzung darstellt, sondern sich primär als Ausdruck einer fremdbestimmten Determination erweist. Durch „den metonymischen Einsatz des Körpers, der zum Träger einer signifikanten Kette mutiert, [ist sie] in eine Schreckens- und Todeslandschaft"[294] geworfen. Sie will fort aus dieser zerstörerisch-miniaturisierten Welt. Statt Flucht ist nur das Verschließen vor ihr noch möglich: „Erika hat alles an sich geschlossen, was da Verschlüsse hat"[295]. Dennoch entpuppt sich jedweder Widerstand als zwecklos: Nicht zuletzt die bewusst verwobenen, zahlreichen Einflussfaktoren ersticken eine eindeutige Persönlichkeitsvollendung bereits im Keim. Längst hat die Leere in das Innere Einzug erhalten, sodass nur noch eine äußere Hülle auf die Person schließen lässt.

Im Unterschied zu Müllers Reisendem geht Jelineks Erika aber noch einen Schritt weiter. Statt den Identitätsentwurf des klagenden Wanderers schlichtweg zu kopieren, gleicht die Methode der österreichischen Autorin vielmehr einer Radikalisierung desselben. Zwar übernimmt sie den Entfremdungszustand des Individuums gegenüber dem gesellschaftlichen Kosmos, indem sie ihn auf das moderne Wien der zweiten Hälfte des 20. Jahrhunderts überträgt, erlaubt ihrer Antiheldin jedoch zum Ende nicht, sich selbst zu finden. Mit dem finalen Messerstich ordnet sich Erika wieder in ihren alten Rhythmus aus Sadismen, Selbstverstümmelung[296] und Gefangenschaft ein. Folglich lokalisiert die Autorin ihre Figur in den Kanon ihrer typisch „sinnentleerten Weiblichkeitsbilder"[297]. Wohingegen das lyrische Ich des Winterreise-Zyklus am Ende zumindest in der Vision eines kommunikativ-künstlerischen Schaffensprozesses eine Stabilisierung seiner entfremdeten Identität erfährt, verflacht Erika zur bloßen Oberfläche. Gleichwohl behält sie trotz ihrer depravierten Identität immerhin ihren Personenstatus in Namen, äußerem Status und im Vergleich zu anderen Jelinek-Figuren bedingte psychologische Kontur bei. Zusammenfassend radikalisiert die Nobelpreisträgerin demnach den Mül-

293 Sándorfi, Raumkonstellationen, S. 24.

294 Hoffmann, Die Bande der Liebe, S. 62.

295 Jelinek, Die Klavierspielerin, S. 47.

296 Vgl. Janz, Elfriede Jelinek, S. 73.

297 Szczepaniak, Dekonstruktion des Mythos, S. 114.

ler'schen Ansatz von einer zutiefst entfremdeten Identität hin zur Veroberflächlichung, wobei lediglich noch die Äußerlichkeiten respektive Körperstruktur als menschliche Merkmale gegeben sind.

Es versteht sich an dieser Stelle von selbst, dass eine ausführliche Analyse der identitätsspezifischen Verarbeitung des Textes „Die Winterreise" in Jelineks „Die Klavierspielerin" im Rahmen dieser Arbeit nur kursorisch unternommen werden kann. Wesentliche Bedeutung für die Einordnung nimmt für die vorliegende Untersuchung die radikalisierte Bewegung von der Entfremdung hin zum Verfall der Identität, die einzig noch im physischen Gerüst den letzten Halt verspürt, ein.

Diesbezüglich wie Marlies Janz allein von Entstellung des Prätextes[298] und der damit einhergehenden identitären Konstruktion seines lyrischen Subjekts zu sprechen, würde Jelineks Montage kaum gerecht. Anders gedacht verleiht sie Müller eine aktuelle Bedeutung, reinszeniert die romantische Kluft zwischen dem verzweifelten Ich und der verheißungslosen Welt als ein politisches Phänomen unserer Gegenwart.

3.2 „Ich will ein anderes Theater": Auf den Oberflächen des Fragments

Nachdem nun der schon lange andauernde innere Dialog zwischen Jelinek und Müller in ihrem dafür bisher maßgeblichen Werk „Die Klavierspielerin" nun einsichtig ist, gilt es nun das methodische Fundament der Theaterkonzeption Jelineks zu ergründen. Beide Einordnungen werden, wie später noch vorzuführen ist, für die Analyse der „Winterreise" ergiebig sein.

Im Grunde genommen leistet der dramatische Entwurf der österreichischen Autorin eine starke Annäherung „an das Theater als politisches Medium, durch das die Gesellschaft verändert, ‚umgewälzt' werden kann."[299] Um den inhaltlichen Anforderungen ihrer Stücke gerecht zu werden, entwickelt sie neue Verfahrensweisen der Darstellung. Jelineks Drama kommt daher im Allgemeinen einem Drama der Auflösung gleich[300]. Statt bloßer Nachahmung[301] demontiert sie die traditionelle „Repräsentation der Realität, als Abbild einer urbildhaften Wirklichkeit"[302], indem sie „die Aufhebung und Enthierarchisierung der Polaritä-

298 Vgl. Janz, Elfriede Jelinek, S. 86.

299 Krammer, „Ich will ein anderes Theater, S. 112.

300 Vgl. Pflüger, Vom Dialog zur Dialogizität, S. 20.

301 Vgl. Hertel, Dramentextanalyse, S. 121.

302 Krammer, „Ich will ein anderes Theater", S. 110.

ten, der Dichotomien und binären Logik"[303] inszeniert. Mit der Abwendung von der „platonisch-hierarchische[n] Urbild-Abbild-Philosophie"[304] artikuliert sie eher eine Verwandtschaft zum epischen Theater[305]. Damit keine „falsche Einheit" suggeriert wird, wendet sich Jelinek in ihrem Essay zur Theaterästhetik „Ich möchte seicht sein" gegen jeglichen „sakralen Geschmack"[306], der eine Rangordnung von Abbild zu Realität oder einen höheres Sinngefüge implizieren könnte. So wird Theater bei Jelinek Kritik in Reinform und ist an einer radikalen Neukreation des urtümlichen Dramas orientiert. „Ich will ein anderes Theater"[307] richtet sich nicht gegen die Institution an sich, sondern gegen die Art und Weise, wie Dramatik traditionell begriffen wird. Nicht die aristotelische Einheit aus Raum, Zeit und Handlung steht im Vordergrund, gerade dieses Schema wird Opfer ihrer harschen Dekonstruktion. Demontage von Ordnung und Dualität „leistet Rationalismus – bzw. Patriarchatskritik als Sprachkritik"[308] und wendet sich schon in der Form demnach gegen gesellschaftliche Normsetzungen.

So kennen ihre Stücke zumeist weder klassische Personenverzeichnisse[309] noch handlungsantreibende Helden[310], die eine Heilung der gestörten Weltordnung herstellen könnten. Im Gegensatz dazu wird mittels „Demontage der einzelnen Figuren vor Augen geführt, dass die Figur als solche in ihrer dramatischen Konzeption nicht mehr haltbar ist."[311] Dass die „dramatische Figurengestaltung an sich fragmentarisch ist"[312], gibt deren holzschnittartige wie entwicklungslose Anti(verfasstheit) in aller Vehemenz preis. Im postdramatischen Kontext zerfasert die traditionelle Ganzheitlichkeit der Personen. Was Jelineks mitleidserweckenden Schattenfiguren dabei bleibt, ist einzig das Reden[313], denn nur in Endlosschleifen sich permanent wiederholender Wortkaskaden ist eine Existenz über-

---

303 Lücke, Elfriede Jelineks ästhetisches Verfahren und das Theater der Dekonstruktion, S. 61.

304 Ebd.

305 Vgl. Krammer, „Ich will ein anderes Theater", S. 111.

306 Beide Zitate: Jelinek, Ich möchte seicht sein.

307 Vgl. ebd.

308 Lücke, Elfriede Jelineks ästhetisches Verfahren und das Theater der Dekonstruktion, S. 61.

309 Vgl. Hertel, Dramentextanalyse, S. 124.

310 Vgl. ebd., S. 130.

311 Krammer, „Ich will ein anderes Theater", S. 118.

312 Pflüger, Vom Dialog zur Dialogizität, S. 31.

313 Vgl. ebd., S. 26.

haupt noch annehmbar, sodass sich „das Innen nach Außen stülpt und das ‚Geheimnis der Persönlichkeit' destruiert"[314] erscheint, bis die klassische Einheit der Person zur labilen „Kippfigur"[315] mutiert.

Verstärkend prägt die Polyphonie[316] der Texte deren Dezentrierung aus, weswegen kein redebezogener Standpunkt mehr lokalisierbar ist. Nicht selten durchlaufen die Figuren in monologischer Isolation[317] einen Häutungsprozess, bei dem sie in ihrem letzten Halt, der Sprache selbst, als „papierenes Ich"[318] entlarvt werden, welches allenfalls noch prosaische und damit buchstäblich verflachte Züge in sich birgt. Als nackte Sprachflächen stehen ihre Figuren im Raum und werden sich allmählich ihrer eigenen Verflachung gewahr. „Die Ablösung der Figuren von ihren Körpern und die Veräußerlichung des Innenlebens bricht die Einheit der Person auf"[319], bis sich am Ende die beklemmende „Einsicht in die Ideologisierung von Subjektkonzepten"[320] einstellt. Eine harmonische Identität wird zum Undenkbaren, denn wie Jelinek in ihrer Rede zum Nobelpreis selbst betont: „Das Leere ist der Weg"[321]. Nur die Entleerung des Innenraumes des dramatischen Personals lässt deren Identitäts- wie Subjektivitätsentwürfe als Trugbild erkennen. „Identität ist ein rhetorischer Akt und löst sich in eine Kette sprachlicher Differenzen auf"[322], wodurch auch „der Schauspieler gleichsam keinen Körper haben soll"[323], sondern allein in der Sprache sein Dasein bekundet. Auf diese Weise „löst sich damit [die Sprache] aus allen starren Dualismen wie Mann und Frau, Subjekt und Objekt, Sein und Schein, Körper und Geist"[324].

Sich ganz von Determination und Fremdheit zu emanzipiere, ist die Sprache aber nicht imstande. Sie ist immer mit ideologischem Ballast oder Vorinterpretation besetzt. Nicht mehr auf die Ursprünglichkeit in ihr

314 Ebd., S. 32.

315 Lücke, Elfriede Jelineks ästhetisches Verfahren und das Theater der Dekonstruktion, S. 62.

316 Vgl. Pflüger, Vom Dialog zur Dialogizität, S. 281.

317 Vgl. ebd., S. 27.

318 Ebd., S. 32.

319 Ebd.

320 Ebd., S. 33.

321 Jelinek, Im Abseits.

322 Pflüger, Vom Dialog zur Dialogizität, S. 34.

323 Lücke, Elfriede Jelineks ästhetisches Verfahren und das Theater der Dekonstruktion, S. 65.

324 Ebd., S. 62

zurückgreifen zu können, heißt für Jelinek: „meine Sprache ist derzeit nämlich leider nicht zu Hause."[325]

Intensiviert wird die Unfassbarkeit der Sprache durch ihre collagierte Versatztechnik. Über eine eigensinnige Montagemethode sind „fremde Textsegmente selten unverändert übernommen, sie werden mit ‚Eigenem' konfrontiert, überformt und dadurch verfremdet."[326] Mehrere Effekte ergeben sich aus jenem intertexuellen Palimpsest: Einerseits steigert die Mehrstimmigkeit der den Akteuren in den Mund gelegten Rede, welche permanent als ein „Nachhall anderer Reden"[327] verstanden werden muss, die Dezentrierung der zu reinen Sprachrohren reduzierten Protagonisten. Ihnen wird dadurch die eigene Haltlosigkeit im fremden Wort bewusst.

Andererseits stellt sich die Frage, ob nicht gar der Prätext trotz verfremdender Kontextualisierung gerade für die umherwankenden Figuren eine Konstante offeriert. Demzufolge würden diese in den Text gestreuten Fragmente eine vitale Funktion erbringen, wodurch „Sprache [...] auch der Selbstherstellung"[328] dienlich und nicht allein im Sinne einer Zertrümmerung zu begreifen sei.

Da die Frage in der Forschung als äußerste Kontroverse fußt, kann an dieser Stelle darüber keine Antwort getroffen werden. Allerdings setzt diese Arbeit sich auch zum Ziel, anhand der künstlerischen Beziehung zwischen Müller und Jelinek exemplarisch dieser Frage im kommenden Kapitel nachzugehen.

Konsens besteht wohl nichtsdestoweniger in der Annahme, dass die Figuren durch die sprachliche Fremdbestimmung zumindest an Eigenständigkeit einbüßen und, wie Pflüger hervorhebt, selbst zur Fläche, zum Papier[329] werden. Wenn Menschen anteilslos „Entindividualisierung [...] Gesichts- wie Geschichtslosigkeit"[330], Körpern ihre Proportionen abhanden kommen und somit die Dreidimensionalität inszenatorischer Darstellungsweise zur Ebene einsinkt[331], erhält das Jelinek'sche wie wohl gleichsam ein geraumer Teil der zeitgenössischen Theaterkonzeptionen eine „Tendenz zur Flächigkeit"[332], welche bei der Nobelpreisträgerin in be-

325 Jelinek, Im Abseits.

326 Pflüger, Vom Dialog zur Dialogizität, S. 44.

327 Ebd., S, 47.

328 Ebd., S. 27.

329 Vgl. Vogel, Flächenkonzepte, S. 12.

330 Höfler, Vergrößerungsspiegel und Objektiv, S. 158.

331 Vgl. Annuß, Flache Figuren – Kollektive Körper, S. 54.

332 Pflüger, Vom Dialog zur Dialogizität, S. 290.

sonders extremen Formationen Gestalt annimmt. Ihre in ironischer Schärfe akzentuierte Selbstanforderung „Ich möchte seicht sein" bündelt demzufolge all die besagten Bemühungen zur ideologieentlarvenden Zweidimensionalität.

Daraus wird auch ersichtlich, warum zahlreiche ihrer Dramentexte als Prosa komponiert sind. Es ist ein Theater, das vollends im Zeichen des Verlusts und Mangels steht. Sinnproduktion wird in „Sinnzerstörung"[333] und Wahrhaftigkeit zur Lüge verkehrt. Nur so vermag sie die ideologischen Ruinen und chauvinistischen Folien im gesellschaftlichen Heucheleimorast offenzulegen. Theater ist damit Widerstand im emphatischen Sinne.

Gegen Dialogizität und Handlungsreichtum setzt sie die dauerhafte Wiederholung und eine Rhetorik des Verbrauchs. Die dargestellte Welt birgt somit kein Imitat von Wirklichkeit mehr in sich. Ein aristotelisches Hineinfühlen in den Konfliktraum der Figuren wird kategorisch negiert, denn „das Theater, auf dem Elfriede Jelinek so viele Erfolge feiern konnte, ist ihr nicht eine Art willkommene Ersatzheimat"[334]. Vielmehr wird es zum Unort und das darin gefangene Personal zum kruden Schattenkabinett. Es gibt in diesen Endzeitszenerien kein Leben mehr, nur die Sprache hält die Figuren gerade noch am Puls. Eine böse Fatalität tut sich damit auf: Nicht einmal der Tod ist Jelineks leidenden Geistermenschen gegeben, sie sind verdammt zum Untotsein im Redefluss, verdammt zum endlosen Existieren in der Fläche.

---

333 Thiériot, Sinnzerstörung? Sinngebung?, S. 101.

334 Lux, „Theaterverweigerer" an der Burg, S. 155.

4 „Unser Herz schmilzt keiner, unsere heißen Tränen durchdringen nicht Eis": Identität zwischen Entfremdung und Negation oder zwei Wege einer Wanderschaft?

Zu Beginn dieser Arbeit richtet sich der Fokus zuerst auf eine eingehende Müller-Lektüre unter identitätsspezifischen Gesichtspunkten. Danach gibt die Arbeit im letzten Kapitel sowohl einen kurzen Einblick in Jelineks postdramatisches Programm sowie in ihre bisher wesentliche Auseinandersetzung mit „Die Winterreise" in ihrem Roman „Die Klavierspielerin".

All die bisher gewonnenen Erkenntnisse werden im hiesigen Kapitel in einem konzentrierten Zusammenspiel münden. Dabei wird sich in aller Deutlichkeit zeigen, dass Jelinek bereits seit ihrem Studium offenbar einen langen Prozess der Auseinandersetzung mit dem schauerlichen Prätext durchlaufen hat[335]. „Besonders von den letzten Liedern des Zyklus, in denen es um Einsamsein und Ausweglosigkeit geht, fühlte sie sich angesprochen"[336], nachdem ihre Jugend von den starken isolatorischen wie kunsterzieherischen Bestrebungen ihrer Mutter gezeichnet war.

Ihr neustes Theaterstück „Winterreise", das analog zu früheren Stücken der Autorin auch seine Dreidimensionalität zugunsten einer Prosagestalt opfert[337], mag wohl als künstlerisches Sublimat in der Reflexion

335 Vgl. Mayer/Koberg, Elfriede Jelinek, S. 24.

336 Ebd., S. 18.

337 Aufgrund der Prosakomposition muss die Verwendung des Fachvokabulars einer Dramentextanalyse mit äußerster Vorsicht genossen werden. Demnach verwendet die vorliegende Arbeit im Folgenden auch den Begriff des Kapitels statt des Aktes. Bei der Zuschreibung des oder der „Protagonist[in]" wird dieser Terminus nicht mit dem Pathos der antiken Tragödie versehen, sondern dient lediglich als vereinfachende Umschreibung der sprechenden Figur.

über „Die Winterreise" angesehen werden. Auch darin stimmt die „Anti-Dramatikerin"[338] in elegischem Ton, mehr verzweifelt denn allein satirisch, existenzielle Fragen im Hinblick auf Gesellschaft und die eigene Biographie an. Gezeigt wird eine Art lebensfeindlicher Echoraum, in dem es unmöglich erscheint, seinen Platz im Dasein zu verorten. Im Zentrum steht dabei vor allem das an Amnesie erkrankte Ich, welches den Versuch unternimmt, sich über eine mentale Rekonstruktion seiner Vergangenheit selbst wieder bewusst zu werden.

Wesentliches Gewicht und das Hauptaugenmerk der vorliegenden Untersuchung gilt dabei vor allem der Identitätskonstruktion des oder der erzählenden Ich(s), welche stets im Spiegel der personalen Entwicklung des Müller'schen Reisenden verortet ist. Um Rückschlüsse auf die Aneignung des romantischen Textes durch Jelinek ziehen zu können, wird daher die Bestimmung der identitären Konstitution immer in Bezug auf den Prätext erprobt. Da, wie schon in der Einleitung vermerkt, die Reihenfolge der acht Abschnitte der „Winterreise" mittels der intertextuellen Referenzen streng an die Reihenfolge des Zyklus angelehnt ist, wird die Untersuchung wiederum in chronologischer Abfolge geschehen. Darüber lassen sich Aussagen über mögliche Entwicklungsstadien der Identität herausarbeiten. Handelt es sich demzufolge überhaupt um ein fixes Ich oder ist man mit einem vielstimmigen Subjekt in Pluralis konfrontiert. Diese Uneindeutigkeit wird hinsichtlich des Identitätsgerüsts von höchster Relevanz sein und uns stets als Überlegung in den einzelnen Analyseabschnitten begleiten.

Berücksichtigt werden sollen zudem die Formen der Adaptionen des romantischen Quelltextes an sich werden. In welcher Weise überträgt Jelinek Situation, Handlung und Umwelt des Liederzyklus und wie positioniert sich das Ich gegenüber dem gewählten Arrangement? Welche Effekte geben generell die fremdtextlichen Implementierungen und Neukontextualisierungen in der „Winterreise" zu erkennen und kann ferner von einer denkbaren ästhetischen Bewegung in Jelineks Behandlung des romantischen Gedichtzyklus gesprochen werden? sind Fragen, welche im Zusammenhang mit der identitätsbezogenen Verarbeitung Aufmerksamkeit erhalten.

338 Stadelmaier, Der aus dem Gegenwartsnest fiel.

4.1 „ich bin bereits ein anderer": Beschleunigte Zeit und Wanderschaft in Pluralis

Bereits zu Beginn der „Winterreise" schildert das Ich gewissermaßen leitmotivisch „Das tiefe Empfinden umfassender Einsamkeit, des Irre-Gehens, der Vergeblichkeit des Lebensweges"[339]. Seine monologische Verlassenheit stimmt es im Bewusstsein seines fehlenden Schattens an: „er wollte nicht mit, er wollte nicht mitziehen mit mir."[340] Als dann noch vom Schatten als dem einzigen Gesprächspartner die Rede ist, lässt das eine Welt äußerster Verlassenheit erahnen. Der personifizierte Schatten in Abwesenheit legt darüber hinaus ein erstes Indiz für die labile Gestalt des redenden Ichs nahe, das „bis zum Hals in meinem Scheitern"[341] steckt. Stellt sich der fast vampirhafte Verlust des Schattens ein, kann dies physisch wahrscheinlich über eine Zweidimensionalisierung erklärbar sein. Schon zu diesem Zeitpunkt spielt Jelinek also damit ihre bereits erläuterte „Ästhetik der Verflachung"[342] durch, indem sie die Figur die Realisierung dergleichen beklagen lässt.

Ähnlich dem Gedicht „Gute Nacht", worin Müllers Wanderer seinen Auszug reflektierend zu erklären versucht und seine Reise antritt, entpuppt sich auch Jelineks Ich im Zeichen des Verlustes. Als eine „Übriggebliebene", wohlgemerkt hier klar als weiblich verfasst, bekennt das Ich: „die Zeit ist nicht meine". Jene steht ihm gegenüber sogar in krasser Opposition: „Da ist die eine Wirklichkeit, die der Zeit, da ist die andre: Ich"[343]. Alle Zuordnungen zeugen vom Bestreben einer identitären Selbstverortung im Abseits. Nicht zuletzt die Antithetik aus Zeit und Ich gibt ein vermeintlich stabiles Subjekt preis, was aber durch Fehlen des Schattens relativiert erscheint. Sich selbst gegen den fremden Außenraum behaupten zu wollen, ist das offensichtliche Ziel des Ichs. Allerdings bleibt es jenseits von Selbstbenennungen im geisterhaft-vagen. Wo steht es überhaupt, hat es einen Namen?, ist identitätsrelevante Frage, die nicht beantwortet wird. „Wer weiß, wer das weiß?"[344] markiert die eigene Verlorenheit, welcher das Subjekt mit sprachlicher Selbstlokalisierung entgegenzutreten erhofft, aber mit rhetorischen Fragen auf kein Gehör stößt. In diesem Echoraum entlarvt es sich lediglich als ein dagegen-

339 Hejny, In Schleifen gedacht.

340 Jelinek, Winterreise, S. 7.

341 Ebd.

342 Annuß, Flache Figuren – Kollektive Körper, S. 50.

343 Alle drei Zitate: Jelinek, Winterreise, S. 7.

344 Ebd.

Seiendes, dem fremdbestimmt die „Wanderpflicht“[345] abverlangt wird. Zwar ähnelt die Entfremdungssituation der des Müller'schen Reisenden zu Beginn in der kontrastiven Positionierung des Ichs gegenüber Zeit und Umwelt, in der es existiert, andererseits darf das lyrische Ich des Gedichtzyklus zu Beginn als weitaus gefasster angesehen werden. Zumal dessen Auszug in die Wanderschaft aus einer freiwilligen Motivation heraus geschieht.

Bei Jelinek weicht diese Fakultativität der Fremddetermination und Ohnmacht, ja geradezu einem Getriebensein: „Immer gehen, immer nur gehen“ und das permanente „Vorbei von Möglichkeiten“[346] können „tatsächlich [als] heideggersche[n] Kalauer[n] entlang, über Zeit, Sein und ‚das Vorbei'“[347] und somit parodistisch konnotiert gelesen werden. Sie sind aber ebenso Ausdruck eines tiefsten, wahrhaftigen Unmuts über Autonomieverlust und Außenseitertum. „Ich bekomme es nicht mehr zu fassen“[348], besingt das Ich in einem unermesslichen Lamento jenes Entgleiten der Zeit als Bewegung der Marginalisierung. „An diesem Verlauf hat man teil, aber man wird nie Teilhaber [...] denn man verläuft sich selbst im entscheidenden Moment“[349] zeigt eine Figur im Abseits, welche nur noch der Observation fähig, selbst aber keinen aktiven Beitrag zur Gegenwartsgestaltung aufzubringen imstande ist. Dass das sprechende, aber passive Subjekt im Strudel einer entwurzelten Beschleunigung gleichsam entgleitet, offenbart den unzulänglichen Versuch, durch Sprache noch einen Hauch von Realität festhalten zu können. „Der schiere Verlauf der Zeit lässt die Anschmiegung der Sprache an die Wirklichkeit misslingen“[350].

Um den Zustand des weiblichen Ichs etwas näher zu umfassen, sollte an dieser Stelle zumindest kurz auf die diskursive Entlehnung des montierten Konglomerats aus Zeit, Sein und dem Vorbei eingegangen werden, wobei hierzu hauptsächlich der Jelinek-Forscher Armin Schäfer rezitiert wird. Insbesondere Immanuel Kant wird in diesem Kontext schon für frühere Auseinandersetzungen Jelineks mit diesem Komplex herangezogen: Dieser hat „die Subjektivierung aus der Selbstaffektion hergeleitet, die ein zeitliches Geschehen ist: Die Zeit erzwingt eine Hin-

345 Ebd.

346 Beide Zitate: Jelinek, Winterreise, S. 8.

347 Heilig, Klavierspielerin, Leierfrau.

348 Jelinek, Winterreise, S. 9.

349 Jelinek, Winterreise, S. 9.

350 Schäfer, Die Wörter ihre Arbeit tun lassen, S. 106.

wendung des Ichs auf sich selbst, indem sie es von sich wegtreibt."[351] Demnach dürfte die Identität nur eine Selbstfindung erfahren, wenn, wie im vorliegenden Text, die Person jenseits des zeitlichen Horizonts befindlich ist. Der zumeist Jelineks dekonstruktiver Zertrümmerungspraxis unterliegende Philosoph Martin Heidegger kritisiert jedoch diese Sichtweise als eine defizitäre, welche Schäfer folgendermaßen zusammenfasst:

> Die Zeit alleine reicht nämlich nicht hin, um eine Selbstaffektion, aus der die Struktur Subjektivität hervorgehen kann, auszubilden. Vielmehr entsteht solch eine Selbstaffektion erst in einer gegenläufigen Bewegung, in der das Ich auf sich blickt, während es sich zugleich von sich fortbewegt.[352]

Funktionieren könnte eine Vervollständigung der Subjektivität also nur dann, wenn das Ich im paradoxen Sinne selbst einer Entfremdung einwilligt und diese aktiv in einer Selbstdistanzierung vollzieht. Wie verwendet aber Jelinek diese Ansätze für ihre ästhetische Komposition und vor allem für die Identität des sprechenden Ichs? Im Grunde genommen akzentuiert die Nobelpreisträgerin in der Performativität der Sprache ihre Abgrenzung zum Heidegger'schen Theorem. „Die Zeit ‚dringt', wie Jelinek sagt, in die Sprache ein"[353], womit per se ein Kontroll- und Autonomieverlust einhergeht. Weder starr noch gehorsam funktioniert Sprache in ihrem Sinne, die, wie bereits verdeutlicht, nicht mehr bei ihr zuhause ist[354]. Sie entspricht auch keinem inneren Vorgang der Selbstwerdung wie bei Heidegger, sondern stülpt das Innere radikal in die Außenwelt. „Jelinek begreift jede Subjektivierung zugleich als eine Entsubjektivierung: Jeder Sprecher verfehlt sich selbst in der Gegenwart seines Sprechens."[355] Eine Identität allein über den Sprechakt als wahrhaftig zu manifestieren, versteht sich als oberflächliche Perspektive. Indem das Ich um sich selbst plappert, sich in Wiederholungen an Versatzstücken festzuhalten sucht, von Stichwort zu Stichwort hangelt, drückt es die fehlende Beherrschbarkeit von Sprache, was Jelinek als Kontrast zum autonomieverorteten Heideggerentwurf markiert, aus. „So wie das Ich, das spricht, keine Subjektivität ausdrückt, sondern diese nur vorgetäuscht wird von der Grammatik, so ist auch die Annahme, dass es feste sprachliche Bedeutungen gebe, eine Täuschung". Vor dem Hintergrund dieses kurzen Exkurses in Jelineks Sichtweise auf Heidegger verstärkt sie durch die Destruktion der Auffassung, Subjektivität im Zeitkontinuum finden

---

351 Ebd., S. 107.

352 Ebd.

353 Ebd., S. 108.

354 Vgl. Jelinek, Im Abseits.

355 Schäfer, Die Wörter ihre Arbeit tun lassen, S. 108.

zu können, den Eindruck, zu Beginn der „Winterreise" mit einer Scheinidentität konfrontiert zu sein. „Subjektivität entsteht allenfalls in der Nichtübereinstimmung: Das zeitliche Geschehen der Sprache treibt das Ich von sich selbst weg und lässt es nicht mehr als identisches zu sich zurückkehren."[356] „Diese Differenz des Ichs"[357] gleicht auf sprachphilosophischer Ebene der grundsätzlichen Distanz zwischen dem Ich und der Lebenswelt, der sich sowohl Müllers Wanderer wie auch Jelineks leidende Sprecherin zu Beginn ihrer Reise bereits bewusst werden. Die Zeit, in der es zu leben gilt, folgt „ja immer ihrem eigenen Tempo, egal, was ich mache."[358]

Auch die einstige Liebe, bei Jelinek ähnlich konturlos wie bei Müller angedeutet, lässt kaum mehr eine Verortung zu. Auch das ist vorbei, beklagt das Subjekt doch hilflos: „Ich werde noch an dich denken"[359]. Verloren hat das indessen männlich charakterisierte Subjekt seine „Zukünftige"[360], da es auch wie der Reisende des Liederzyklus hinausgeworfen wurde. Gerade als er die Gegenwart zu ergreifen versucht, zerrinnt sie in Vergangenes. Das Geld fungiert offenbar erneut als Medium der Entfremdung. Wie schon in ihren vorigen Werken, maßgeblich in „Lust" und „Die Klavierspielerin", steht Liebe im Zeichen ökonomischer Interessenspolitik[361]. Doch selbst darin zeichnet sich keine ersehnte Konstanz ab, entspricht es doch einer „Währung, die aber auch nicht ewig währt"[362]. Alles zerfließt, „Alles ist fort"[363]. Nicht einmal die Geschlechtergrenzen bleiben ihrer Eindeutigkeit gewahr. „Sprache verflüssigt sich wie der Sinn, wie sich auch die Figuren verflüssigen."[364]

Obgleich das Ich offenbar an dem eigenen Zerfallsprozess Anteil nimmt, überlegt es verschiedene, für Jelineks Theaterstücke typische Strategien in „Suchbewegungen und Selbstbehauptungsbemühungen"[365]: Verwirft es zunächst in Bezugnahme auf Müllers ziehenden Dichter, der

---

356 Ebd., S. 109.

357 Ebd.

358 Jelinek, Winterreise, S. 10.

359 Ebd.

360 Ebd.

361 Vgl. Fischer, Trivialmythen in Elfriede Jelineks Romanen, S. 69.

362 Jelinek, Winterreise, S. 11.

363 Ebd.

364 Lücke, Elfriede Jelineks ästhetisches Verfahren und das Theater der Dekonstruktion, S. 66.

365 Lux, „Theaterverweigerer" an der Burg, S. 154.

zuletzt noch „Gute Nacht" an die Tür des Mädchens skizziert[366], das Schreiben, erweist sich auch das Hineinblicken in einen Spiegel im Sinne einer selbstbegründeten Identitätskonstitution als unmöglich[367]. Zu labil ist dieses Ich, das bekennen muss: „ich bin bereits ein anderer"[368]. Hier müsste grammatikalisch zumindest von *einer anderen* gesprochen werden, bliebe sie ihrem Geschlecht treu. Allerdings spricht das Ich auf derselben Seite noch von „ihm"[369], wenn es traurig eingestehen muss, die Liebe nicht erkannt zu haben. Jedenfalls ist es auch denkbar, dass Jelinek, wie schon in vorigen Werken, den Mythos der Geschwätzigkeit als weibliches Charakteristikum in der unklaren Genderbeschreibung dekonstruieren möchte[370], was im Umkehrschluss für einen männlichen Sprecher plädieren würde. All dies ist spekulativ, von einer weiblichen Sprecherfigur, welche über ihre eigene Identität geisterhaft ins Halluzinieren gerät, auszugehen, dürfte aber naheliegen. Obwohl sich wahrscheinlich ein(e) Akteur(in) artikuliert, enthält der Monolog nichtsdestoweniger „disparate Stimmen, die auseinanderstreben und miteinander in Konflikt geraten."[371]

In jedem Fall zeichnet sich die Identität des unbenannten, nahezu konturlosen Ichs im Gegensatz zu Müllers Dichter als weitaus beschädigter ab. Zwar würde man zu diesem Zeitpunkt von keinem völligen Identitätsverlust reden, da sich das Ich seiner Identität als einer vagen durchaus noch bewusst ist. Denn es erkennt schließlich sein Zerfließen gewissermaßen noch in der Selbstreflexion. Dass Jelinek hier aber bereits Müllers Stadium der Entfremdung hin zur akuten Bedrohung eines Selbstverfalls überschreitet, geben nicht zuletzt die uneindeutige Motivation zur Wanderschaft sowie die dürftige Personencharakterisierung zu verstehen. Die verrinnende Zeit lässt keine wahre Verinnerlichung oder Positionsbeschreibung zu. Verloren im Strudel wird die Wanderschaft zum Umherirren in einer beschleunigten Zeit.

Ein gemeinsamer Kern ist dieser Litanei jedoch innewohnend: Beide Wanderfiguren sind schon zu Beginn in unterschiedlicher Drastizität in Opposition zu ihrer Umwelt und in einem fragilen Selbstbewusstsein situiert. „Denn ich bin da und auch schon wieder weg" verdeutlicht die Dezentrierung, der Jelineks Ich ausgesetzt ist. „Muss selbst den Weg mir

366 Vgl. Müller, Die Winterreise, S. 8.

367 Vgl. Jelinek, Winterreise, S. 11.

368 Ebd., S. 12.

369 Ebd.

370 Vgl. Brunner, Die Mythenzertrümmerung der Elfriede Jelinek, S. 34.

371 Pflüger, Vom Dialog zur Dialogizität, S. 29.

weisen"[372] scheint sein einziger, aber auch wieder zitierter und damit uneigenständiger Appell zu sein.

Nach diesem prologartigen Eingangskapitel stellt sich die Frage, ob Jelineks Sprecherfigur überhaupt Entwicklungspotenziale zu bilden vermag und ob von einem Wanderer beziehungsweise einer Wandererin die Rede sein kann.

4.2 „sie spüren ungelebtes Leben": Der entleerte Mensch und die Wahrhaftigkeit des Scheins

Wie schon bei Müller sind die folgenden beiden Kapitel der Vergegenwärtigung und Suche nach Wahrhaftigkeit gewidmet. Obschon man im zweiten Abschnitt zwar wenig über das sprechende Ich an sich erfährt, werden darin trotzdem Aussagen über die Welt, zu der es sich positionieren muss, generiert.

In satirischer Argutezza allegorisiert Jelinek zunächst „den Wahn vermeintlich rationaler Ökonomie"[373]. Konkret „lässt sie die ‚reiche Braut', die bei Schubert der arme Wanderer nicht kriegt, zur Kärntner Hypo Group Adria werden, die der blöde bayerische Landesbank-Bräutigam unbedingt kriegen muss."[374] Indem die Autorin „den Kauf der österreichischen Pleite-Bank mit einer Hochzeit, für die die Braut aufgehübscht wurde"[375], vergleicht, verrückt sie die ursprüngliche Sinnverwobenheit mit dem Müller'schen Kontext in ein aktuelles Wirtschaftsszenario, wodurch gleichsam der wahrhaftige Liebesbegriff der Romantik einer radikalen Reduktion unterzogen wird. Es lohnt sich, diese für Jelineks Zitationsverfahren bekannten Prozesse der Verdichtung und Neuanordnung etwas genauer anzuschauen, um die Umwelt des leidenden Ichs und dessen Haltung zu ihr besser zu begreifen.

Im Zentrum der trivialen Gleichung „Das Geld ist Braut"[376] wird das Geld als solches personifiziert. Es wird gefragt „Was findet das Geld an uns?", und die Antwort lautet: „Nichts, denn es findet uns nicht."[377] So gehört jenes und damit einhergehend die Braut als solche offenbar anderen, die an der Müller'schen „Wetterfahne, das verspielte Ding"[378], dre-

372 Jelinek, Winterreise, S. 12.

373 Weinzierl, Trostlos über leere Quinten.

374 Stadelmaier, Der aus dem Gegenwartsnest fiel.

375 Schleicher, Das Wortgebirge bezwungen.

376 Jelinek, Winterreise, S. 13.

377 Beide Zitate: ebd., S. 14.

378 Ebd., S. 14.

hen und die Fähigkeit besitzen, die Welt auf ökonomische Weise zu steuern. Wohingegen die Wetterfahne in „Die Winterreise“ als Metapher für die Untreue der Frau fungiert, steht sie hier für die Unstetigkeit von Kapitalflüssen und die vermessene Machtkonzentration eines eigennützigen Managertums. Denn „Die Braut dreht sich jetzt auch, sie wird gedreht“[379], und nur von Wenigen, darunter wahrscheinlich finanzmächtige Eliten, im Wahn der Gier ausgebeutet, während die übrigen, bei Jelinek oftmals mit Kleinanlegern assoziierten, Interessenten leer ausgehen. So gesehen wird der Mensch und besonders das Weibliche in Form der objektivierten Braut allein in seiner ökonomischen Verwertbarkeit und seinen wirtschaftlichen Beziehungen ohnehin als Warenaustausch betrachtet[380]. Scheitert die Liebesbeziehung des romantischen Wanderers wohlmöglich an den finanziellen Disparitäten, radikalisiert Jelinek diesen Umstand zur vollkommenen Ökonomisierung zwischenmenschlicher Verhältnisse[381], „Ehe [ist] nichts als Kapitalanlage“[382]. Aus der Gleichung „Geld ist Braut“[383] umringen die gierigen Werber die Braut in der Hoffnung auf maximalen Gewinn. Doch die hohe Konkurrenz bedingt die Ausgrenzung vieler, die nicht die Leistungsfähigkeit aufbringen, die Braut für sich zu erobern. Das Kapital, das gewissermaßen als Masse geheiratet werden soll, bleibt einer elitären Kaste vorenthalten. Auch das Ich kann offenbar jenseits des Erzählens über die verwegene Kapitalheirat keinen Anteil an der Braut nehmen, da das Glück sich streng nach finanzieller Potenz richtet. Bezogen auf den Bankenskandal ergibt sich der Ertrag weniger aus dem Verlust vieler, die ihr Geld in eine Blase investiert haben und am Ende jenem Betrug auferlegen, als vielmehr paradox aus der Leere, welche die puppenartige Braut verkörpert. Es ist wie bei Müller das „teure[s] Frauenbild im Haus“[384] – aber eben nur ein Bild, ein Kleid. „Die Großen Gesellschaften [...] die fressen aus ihrem Hochzeitskleid“[385]. Doch sobald sie geheiratet wird, preist sie sich entkleidet: „Dann wird der Schleier zurückgeschlagen, doch alles, was drunter war, ist längst weg“[386]. Hierbei tritt wiederum Jelineks Konzept der Flächigkeit in ihrem Modebegriff zutage: „Auch im Kontext der Mode

379 Ebd.

380 Vgl. ebd., S. 35.

381 Vgl. Brunner, Die Mythenzertrümmerung der Elfriede Jelinek, S. 140.

382 Braun, Durch Schnee und Wind, Wald und Flur.

383 Jelinek, Winterreise, S. 13.

384 Jelinek, Winterreise, S. 17.

385 Ebd., S. 18.

386 Ebd., S. 24

werden Vorstellungen figuraler Plastizität aufgegeben"[387]. Diese Destabilisierung lässt „dann nichts anderes als nekroforme Kleiderhaufen"[388] übrig. Sind auf die Braut utopische Aufstiegssehnsüchte übertragen, entspricht sie ähnlich der Kleiderbedeutung für Erika Kohut in ihrer alleinigen Hüllenerscheinung somit einer Textfläche. „Die Textilien werden zu Texten [...] vor dem Körper, wenn die Kleidung in den Schrank gehängt wird, formulieren sich die Textkörper zu Kleiderleichen"[389]. In der depersonalisierten Braut werden „Körper und Kleid [...] gleichsam identisch."[390]

Hinsichtlich der Identität, die sich natürlich auch in Abhängigkeit des gesellschaftlichen Kontextes herstellt, ergibt sich ein Umfeld der Veroberflächlichung und Täuschung. Wahrhaftigkeit kann in einer solch kapitalistischen Welt aus Gier und Egoismus nicht gefunden werden. Der Ausverkauf jedweder Innerlichkeit führt zu der Erkenntnis, dass der richtige Weg verschwunden ist und „niemand weiß, wem er folgen soll."[391] Zwar umweht der Wind noch die Wetterfahne. Aber „Der Wind spielt drinnen mit den Herzen, aber draußen, da spielen wir"[392] – eben im Abseits, das Innere ist ohnehin Illusion.

Das dritte Kapitel rückt die Frage nach Wahrhaftigkeit noch schmerzvoller in den Mittelpunkt. Das Verirren nimmt gegenständliche Gestalt an: So wurde das in diesem Passus weiblich besetzte Ich („Ich bin keine von denen"[393]) Opfer eines „Konstruktionsfehler[s]", nämlich eines Autounfalls, wodurch sich der Verlust des Gedächtnisses eingestellt hat. Das Gefühl, die Zeit nicht mehr einfangen zu können, geht mit dem Bewusstsein einher, selbst nicht mehr Teil des Daseins zu sein.

Wie sich die Braut nach einem Häutungsprozess als Nichts offenbart wird, veräußert ebenso das redende Ich seinen durch den Erinnerungsverlust und Marginalisierung erlittenen Schmerz als Abfall[394], bis es von sich selbst protokolliert, „dass ich nichts bin, dass ich niemand bin, dass sich niemand nach mir umdreht."[395] Somit leistet der Schmerz nicht die

387 Vogel, Flächenkonzepte, S. 15.

388 Ebd., S. 17.

389 Niethamer/Hülsenbeck, Literarische Kleidungsbeschreibungen in Elfriede Jelineks *Klavierspielerin*, S. 94.

390 Ebd., S. 104.

391 Jelinek, Winterreise, S. 24.

392 Ebd

393 Ebd., S. 28.

394 Vgl. Jelinek, Winterreise, S. 25.

395 Ebd.

Aufgabe zur Lebensbewältigung wie in „Die Winterreise", vielmehr ist er Ausdruck eines resignativen Selbstverlustes. So gesehen, bietet gleichsam der „tränenreiche Wasserfall" des Ichs nicht die Möglichkeit, den daseinserhaltenden Erinnerungskosmos zu aggregieren, sondern bildet, weil er eben „immer nur um sich selber weint"[396], ein sinnloses wie auch spottbereitendes Ereignis. „Was willst du denn hier, du Träne"[397] scheint sogar fast wie ein konkret-intertextueller Dialog zwischen „Winterreise" und ihrem Quellentext und verdeutlicht die innere Leere der Redefigur, welcher der Reisende des Liederzyklus' noch mit Phantasieausflüchten poetisch entgegentritt. Hier bekommt das verzweifelte Subjekt keine Antwort mehr. In dem weiten Echoraum hallen die Worte nur in ein einsames Nirgendwo.

Nichtsdestoweniger artikuliert es jedoch erneut: „Ich bin doch auch ein Mensch"[398] und behauptet, obwohl der Geliebte („ihn") sie augenscheinlich mit Ignoranz bestraft, „aber für mich bin ich da, wenn auch als eine Armseligkeit"[399], was auf ein paradoxes Changieren zwischen Leben und Tod, Bewusstsein und Unbewusstsein hinweist. Zwar folgt es nicht dem Irrlicht des Müller'schen Reisenden, reflektiert aber in der Vergegenwärtigung der Vergangenheit, dass es „ins Irren gegangen [ist], irrtümlich falsch abgebogen und woandershin gegangen [ist]"[400].

Die sich permanent verändernde Welt und die dynamisierte Zeit postulieren dem Ich gegenüber das Fremde, in dem es keine seelische Heimat mehr findet. Es geht schlichtweg um die „Absage an die personale Konstruktion geschlossener Innerlichkeit"[401], was plastisch durch den tatsächlichen Verlust des Erinnerungsvermögens in die Erkenntnis mündet: „Ich vergehe in mir selbst. Ich löse mich auf als und in Tränen"[402]. Statt Leben wie bei Müller implizieren die Tränen hier das absolute Erstarren, sie gefrieren zu Eis und gelten als „Beweis, dass da etwas flüssig war, dass etwas flüssig gemacht werden konnte, dass etwas fort ist."[403]

Der „Verlust von Gegenwart, Menschen, die am Leben vorbei leben"[404], gleicht einem identitätsbezogenen Dissoziationsprozess. „Wenn

396 Beide Zitate: Jelinek, Winterreise, S. 25.

397 Ebd.

398 Ebd.

399 Beide Zitate: Ebd., S. 26.

400 Ebd.

401 Annuß, Flache Figuren – Kollektive Körper, S. 53.

402 Jelinek, Winterreise, S. 33.

403 Ebd.

404 Ueding, „Winterreise" mit Wortflut.

ich also in die andre Richtung reise, vielleicht begegne ich mir dann selbst als ein Jetzt"[405] gibt nicht nur die diachrone Orientierungssuche nach der verlorenen Identität in der Zeit zu verstehen, sondern entlarvt auch das Ich als ein Gespaltenes und Vielfaches in der Gegenwart, das sich vermeintlich selbst zusammenzuklammern imstande sieht.

Diese Gegenwart mag nicht zur Erfüllung dienen, der Blick des plappernden Subjekts ist ganz auf ein zukünftiges Sein[406] fixiert, obgleich es sein Kreisen um die eigene, verlorene Zeit nicht beenden kann, in der es wie ein Untoter[407] zur endlosen Wanderschaft verurteilt ist.

Dass auch die Zukunft nur als illusionäres Vakuum besteht, erkennt die Verzweifelte lakonisch in ihrer zunehmenden Selbsttäuschung: Die Sprecherin hofft zwar, dass da „noch jemand auf einen wartet. Aber da ist keiner."[408] In jenem Niemandsland ist das „Jetzt […] ein Irrtum, und man geht in die Irre"[409], wie ebenso die Zukunft, die immer verheißungslos, aber eben fern bleibt. Selbstkritisch muss das Unfallopfer ob der Ausweglosigkeit, die Zeit festhalten und gestalten zu können, zugeben: „Ich täusche mich vielleicht eine Zeitlang vor, täusche vor, aus der rasenden Zeit abgesprungen zu sein, aber mich selbst kann ich nicht täuschen."[410] Wohingegen sich das Subjekt mehrmals gegenüber sich selbst zu behaupten versucht, erweist es sich in seiner Wesenhaftigkeit jedoch als depraviert. Verstärkt wird die Entrückung der (Schein-) Persönlichkeit durch mögliche biographische Mosaiksteine, die in den Text eingestreut sind, und gerade seitens der Literaturkritik, wenn auch ein wenig überschätzt, als primäre Deutung erwogen werden: Zum einen wird im Text sowohl von den verschlossenen Straßenbahnen – Jelinek bearbeitete dieses Motiv bereits als biographische Notation in Anspielung auf die Ausgrenzungsmentalität des Kleinbürgertums in „Die Klavierspielerin"[411] – und zum anderen von den vergeblichen Ausbildungsbemühungen der Eltern gesprochen[412]. Sowohl die Dressur zur Pianistin durch die Mutter Jelineks als auch die engen Straßenbahnen der Kindheitsjahre fungieren in ihrer extratextuellen Bezüglichkeit im Text selbst wiederum als Fremdheitselemente, weil sie beide mit gesellschaftlicher Ausgrenzung für die Auto-

405 Jelinek, Winterreise, S. 28.

406 Vgl. Jelinek, Winterreise, S. 26.

407 Vgl. Solibakke, Österreichische Gedächtnismodelle, S. 103.

408 Ebd., S. 32.

409 Ebd.

410 Ebd., S. 30.

411 Vgl. Cho-Sobotka, Auf der Suche nach dem weiblichen Subjekt, S. 103.

412 Jelinek, Winterreise S. 32.

rin verbunden sein dürften. „Die acht Stationen verbindet sie mit ihrer eigenen Lebensreise in eine wachsende innere Emigration, denn wie der Wanderer findet auch sie in der Welt keinen Ort der Behaglichkeit“[413], wodurch auch nachvollziehbar werden dürfte, den vorliegenden Text trotz und inklusive aller Vorbehalte gegen eine Überbewertung biographischer Anleihen insgesamt mehr als Zeugnis von Aufrichtigkeit und ernsthafter Resignation zu lesen. Denn es ist ein Beweinen der fehlenden Wahrhaftigkeit respektive der Veroberflächlichung der Welt. Entfremdung gegenüber der Zeit bezieht sich dabei nicht allein auf die allgemeine Beschleunigung der Lebensverhältnisse. Vielmehr steht sie auch für den Zeitgeist des fehlenden Innewerdens. Rationalisierungsprozesse wandeln Menschen zur ersetzbaren Maschine, deren inneres Wesen auf ökonomische Funktionalität reduziert wird. Jeder ist austauschbar; verlässt man den Platz in der Straßenbahn, wird dieser sofort vom nächsten besetzt[414] und auch Schaffner gibt es in jenem zweckrationalen Kosmos keine mehr[415].

Ferner entschwindet ebenso die Anbindung an die Natur. Wahrhaftigkeit wird Fassade und durch technische Errungenschaften ersetzt. Erneut ist dabei die Auseinandersetzung mit der Straßenbahn anschaulich: Der „Weg selbst, den mir die Bahn unter den Füßen weggezogen hatte, musste von mir rasch wieder eingeholt werden.“[416] Wenn Technik das Leben bestimmt, entreißt es dem Individuum seine Autonomie, es geht irr und haltlos durch die Gegenwart, wie auch die Fahrerin des mit dem Ich kollidierenden Autos im dritten Kapitel der „Winterreise“ die Kontrolle verliert und augenscheinlich den Unfallort verlässt: „Irre ich mich oder fährt da eine Irre davon, in ihre eigene Irre hinein, als Irrläufer, als ihr eigener Irrtum, ohne GPS“[417]. Da die Natur schon in anderen Stücken Jelineks im Mantel des Bedrohlichen auftritt[418], mag es kaum verwundern, wenn ein vermeintlicher Schutz in der Technik erwartet wird. Das Navigationssystem ist hier jedoch abwesend und der Mensch dadurch hilflos. Weil dessen denkbarer Gedankenraum längst durch Technik ausgefüllt ist, gerät der Mensch ohne ihren vermeintlichen Schutz ins Wanken, zeigt sich entblößt und seine eigene Natur als Abbild einer naturfernen Automatenszenerie. Im Diskurs um die „Künstlichkeit des

413 Reitter, Kampusch und die Alpe Adria.

414 Vgl. Jelinek, Winterreise, S. 30.

415 Vgl. ebd., S. 32.

416 Ebd., S. 30f.

417 Ebd., S. 28.

418 Vgl. Gál, Die Irrwege der Sprache, S. 181.

Natürlichen wird von Jelinek die Subjekthaftigkeit der Figuren problematisiert"[419]. Die den Menschen annektierende Technik schafft in ihrem Kosmos weder Stabilität noch ein besseres Leben, ferner produziert sie Abhängigkeit und gibt den neuen, nicht mehr lebendigen Puls der Zeit vor. Nochmals bezogen auf die Türen der Straßenbahnen, also der „modernen pneumatisch ab- und zugedichteten Verkehrsmittel[n]"[420], heißt es: „Das Öffnen findet nur statt, wenn es freigegeben wird"[421]. Indem sie ausgrenzt, marginalisiert sie offenbar auch das Ich weiter an den Rand, an den Abgrund, von wo es nur noch teilnahmslos zusehen kann, was in der Welt geschieht. Das Oxymoron „sie spüren ungelebtes Leben"[422] demonstriert darüber hinaus, dass dies augenscheinlich auch für die übrigen Mitglieder der Gesellschaft gilt. Das Irregehen in der beschleunigten Zeit versteht sich als omnigesellschaftliches Phänomen, obgleich die Sprecherin an dieser Stelle zum Fragment zerbricht, ihr Existieren steht einzig noch im Zeichen des Verlusts, Leben versteht sich nur noch als ein Verwalten von Restbeständen.

4.3 „Inmitten der Fremde": Die (Un)Natur der großen Masse und der Makel des Abseits

Im letzten Kapitel ist der Leser mit dem unaufhaltsamen Versuch der Selbsttäuschung einer wahrhaftigen Subjektivität konfrontiert. Im hiesigen Abschnitt hingegen wendet das Ich eine weitere Strategie zur Selbstbehauptung an, indem es sich mit der Masse der Gesellschaft kollektiviert. Dass die zuletzt weibliche Sprecherin zumindest als Teil dieses chorartigen Gefüges fungiert und somit ihre Subjektivität zugunsten des einverleibenden Kollektivs aufgibt, legt der Hinweis „aber *wir* hatten auch diesen Autounfall voriges Jahr"[423] nahe.

Analog zu Müllers Wanderer, der im vierten Gedicht im Erinnern an die einstige Geliebte „im Schnee vergebens / Nach ihrer Tritte Spur"[424] Ausschau hält, begibt sich auch das Ich der „Winterreise" auf Fährtensuche. „Da ist einer Schritte Spur, und jetzt ist sie weg […] Suche vergebens.

419 Janke, Jelinek und die Musik, S. 284.

420 Ebd., S. 33.

421 Ebd.

422 Ebd.

423 Jelinek, Winterreise, S. 36. Zur Verdeutlichung wird das „wir" kursiviert hervorgehoben.

424 Müller, Die Winterreise, S. 13.

Kinderfüße hier herumgewandelt, und dann endete ihre Spur eben"[425]. Doch wer ist damit gemeint? Glaubt man der mehrheitlich getragenen Auffassung der Rezeption, verarbeitet Jelinek hiermit den Fall der Natascha Kampusch, welche von ihrem Entführer über acht Jahre in Gefangenschaft gehalten wurde und somit einer typischen Sozialisation in die Gesellschaft vorenthalten wurde. Dabei rückt Jelinek vor allem die Rezeption des Kidnappings in der Öffentlichkeit in den Mittelpunkt. Die Autorin „lässt erneut ein Opfer, Natascha Kampusch, von sich zu kurz gekommen fühlenden Durchschnittsbürgern verhöhnen"[426] . Auf ihre Rettung und das jahrelange Leid weiß die mehrheitliche Meinung nur mit neiderfüllter Offensivität zu reagieren, was Jelinek Anlass zu einer dekonstruktiven Sezierung bietet.

Der Schmerz des Herzens, worin das Antlitz der Geliebten des Umherirrenden aus „Die Winterreise" wohnt, wird zur Widerstandsmetapher für die der öffentlichen Polemisierung ausgesetzten Kampusch: „Die Kleine wird beschimpft werden, doch ihr Herz wird nicht erfrieren."[427] In der Tat klagt der allgemeine Chor, auf den im Folgenden der Fokus genauer gerichtet wird, sie in sophistischer Lakonie an: „Sie lügt. Sie war die ganze Zeit doch da. Sie war verloren, aber nicht verloren gegangen"[428]. Auch das persönliche „Angedenken" an die Geliebte, wonach sich der Wanderer doch so sehnt, kehrt Jelinek um, indem es die Mehrheitsstimme als Kampuschs vorgeworfene Gier nach öffentlicher Zurschaustellung im Sinne eines notwendigen Gedenkens an ihre Person neu besetzt[429].

„Spuren verwischen, Unangenehmes beschweigen, Wahrheit verdrehen. Und Menschen wegschaffen."[430] – Darum geht es der heuchlerischen Öffentlichkeit, die in Kampusch die ersehnte Opposition außerhalb der Majorität zu begründen sucht. Wenn es da heißt „Sie soll wieder weg. Unser Herz ist gar erfroren gewesen"[431], wird sogar anmaßend die Opferrolle verkehrt. Als Abgrenzungsargument führt die selbst nach Aufmerksamkeit strebende Masse an, dass jenes besagte Mädchen „überhaupt im Dasein ein Durchschnittliches [ist], sie ist vielleicht eine Diesmaligkeit,

425 Jelinek, Winterreise, S. 34.

426 Heinze, Mehr Satire statt Zynik in Jelineks „Winterreise".

427 Jelinek, Winterreise, S. 34.

428 Ebd.

429 Vgl. ebd., S. 35.

430 Heilig, Klavierspielerin, Leierfrau.

431 Jelinek, Winterreise, S. 34.

aber eine Einmaligkeit ist sie auch diesmal nicht“[432]. Indem der Chor jedoch Kampusch die fehlende Individualität zum Vorwurf macht, entlarvt er damit geradezu selbstironisch seine eigene Anonymität.

Ähnlich der Konstellation in Elfriede Jelineks Theaterstück „Wolken.Heim“ „beschwört sich ein namenloses, körperlos vorgestelltes Wir permanent selbst“[433], um ebene jene Antiphysiognomie nicht wahrhaben zu wollen. Hybrisch proklamiert die Kollektivstimme: „aber diesmal sind einmal und für immer wir die Einmaligen“[434]. Kampusch gilt als das Fremde per se und darf aufgrund dessen keinerlei Ruhm erfahren. Die Außenseiterin hat „keine Beziehung zu unseren Leben, die viel interessanter sind, weil wir uns jeder Sache sicher sein können, denn wir werden die Wahl gehabt haben.“[435] Der Gebrauch des Futur II deutet jedoch schon jegliche Vollendung an, die noch irgendwann eintreffen soll. Offenbar wird die Masse aber auch in Zukunft ihre Chance nicht genutzt haben, wodurch das in Aussicht gestellte Entwicklungspotenzial im Grunde genommen Stillstand, ja geradezu Versteinerung verheißt. „Der Text evoziert den kollektiven Körper als zukünftige Gestalt“[436] und suggeriert die Illusion einer erfüllten Einheit im Kommenden. Eine wirkliche Bedeutung erlangt die monolithische „Konstruktion kollektiver Einheit“[437] aber nicht einmal in der Gegenwart.

Zwar formuliert die Masse noch den emphatisch-stupiden Appell „Wir gehören an die Öffentlichkeit, weil wir die Mehrheit sind“[438], muss sich aber sogleich die eigene Nichtigkeit eingestehen, wenn gesagt wird „Wir verschwinden nur. Wir sind vertraut mit dem Leben, aber leben wir deshalb schon? Nein.“[439] Auch die angedeutete Fakultativität löst sich im Bewusstsein der dahineilenden Zeit sowie des opportunistischen Zwangs der Mehrheit auf. „Wir hatten nicht die Wahl, wir sind mitgegangen, freiwillig, keine Frage, wir mußten“[440], hält der monologische Chor in paradoxer Zerrissenheit fest.

Wie bereits das Ich in den vergangenen Kapiteln stets bemüht ist, die Fassade seiner vermeintlich kohärenten Identität zu wahren, bedient sich

432 Ebd., S. 35f.

433 Annuß, Flache Figuren – Kollektive Körper, S. 64.

434 Jelinek, Winterreise, S. 36.

435 Ebd., S. 37.

436 Annuß, Flache Figuren – Kollektive Körper, S. 65.

437 Ebd., S. 66.

438 Jelinek, Winterreise, S. 38.

439 Ebd., S. 37.

440 Ebd., S. 38.

die Masse derselben Verhaltensweise. „Wir sind die Mehrheit. Wir können alles bewirken, was wir wollen. Wir gelten was. Wieso hört uns dann keiner?“[441] zeugt „im Wettlauf um Medienpräsenz“[442] von einer scheinbaren Macht, deren Fundament sich jedenfalls als zutiefst volatil zu erkennen gibt. Die Stimme gleicht einem anonymen Sprachrohr kleinbürgerlicher Provenienz. Gehört wird sie nicht, weswegen sie auf die mediale Vermarktung des Falls Kampuschs mit Missgunst reagiert. Demgemäß bekennt das Wir in Anlehnung an Müller: „Wir aber, wir aber, wir hinterlassen gern jede Art von Spuren und wollen sie auch zeigen. Sie sollen bleiben unsere Spuren. Im Schnee unnötig, da verschwindend gering die Spur dort.“[443] Müller wird hier von der Masse sowohl verfremdet als auch in der Vergeblichkeit seiner Botschaft bestätigt. Reiht sich das Ich doch in die Masse ein, um in einem weiteren Versuch seiner Identität habhaft zu werden, stellt sich im Prätext Müllers die Ausweglosigkeit einer solchen Bestrebung dar. Nichts kann über das verlorene Selbst hinwegtäuschen.

> Während sich das Ich zum Wir vergrößert, indem es in die Anonymität der Masse eingeht, verschwindet das Ich-nicht-als-Ich in der Sprache: Der Sprecher, der Schreiber will nicht aus der Anonymität heraustreten und ebenso wenig in die Anonymität der Masse eintreten, sondern seine eigene Persönlichkeit auslöschen[444].

Schäfers Analyse der Anonymisierung darf jedoch ambivalent gesehen werden. Einerseits wäre es denkbar, in der Einverleibung des Ichs in der gewissermaßen entleerten Menge eine Reinszenierung der Todessehnsucht des Wanderers zu vermuten, andererseits unterliegt das Ich vielleicht auch dem Irrtum, in der ihm fremd gewordenen Gesellschaft seine identitäre Heimat wieder zu finden. Demnach strebe das Ich eben gerade keine Persönlichkeitszertrümmerung an, sondern würde das Gegenteil davon meinen, obgleich der Versuch, unabhängig der jeweiligen Motivation, ohnehin zum Scheitern verurteilt ist. Denn Sprache ist nie frei, immer ist sie in Machtstrukturen und ideologische Vexierspiele eingeordnet. So erweist sich insbesondere die Person Natascha Kampusch als die zur Stabilisierung der Masse notwendige Abgrenzungsfolie[445] und legt zugleich indirekt das subversiv kultivierte Patriarchat[446] des Kleinbürger-

441 Ebd., S. 39.

442 Müller, Masse, Macht und Eitelkeit, S. 144.

443 Jelinek, Winterreise, S. 40.

444 Schäfer, Die Wörter ihre Arbeit tun lassen, S. 103.

445 Vgl. Müller, Masse, Macht und Eitelkeit, S. 125.

446 Vgl. ebd., S. 142.

tums offen, welches Jelinek in fast all ihren Werken, auch in „Die Klavierspielerin“, satirisch in den Fokus rückt[447]. Vor allem die Massenmedien, insbesondere der Fernseher, tragen in diesem Kosmos zur Produktion und Verbreitung ideologischer Ressentiments bei[448], wie auch in der „Winterreise“ das Fernsehen als Ausgrenzungsinstanz fungiert. Indem die Autorin „die vox populi transzendiert“[449], erhebt sie Kampusch nicht nur zum Symbol des Abseitsstehens in der Gesellschaft überhaupt, sondern kennzeichnet auch die medial vermittelten, chauvinistischen Geschlechterrollen, welche die unreflektierte Masse intrinisiert[450]. Die Summe aller Stimmen wird so in

> die Rede eines ethnisch und national bestimmten ‚Wir' überführt, die das Eigene vom Fremden zu scheiden versucht [...] Das Sprechen versucht Bedeutung, Identität und Einmaligkeit zu stiften, doch in der obsessiven Wiederholung und Behauptung des Gelingens, im Leerlauf von Identitätsformeln[451]

endet es. Auch das Ich mag in dieser Gemeinschaft, in der es untergeht, kaum zu sich finden. Die Behauptung „Unsere Bilder fließen dahin und sind fort“[452] und die Bezugnahme „Unser Herz schmilzt keiner“[453], eine intertextuelle Variation aus Müllers Liederzyklus, können nicht über die Erstarrung sowie die Bedeutungslosigkeit der Masse hinwegtäuschen. Konstanz gibt es einzig in der beklemmenden „Fremde, überall Fremde, man erwischt fast immer sie, wenn man jemand sucht“[454]. Die allgemeine Tendenz in der Gesellschaft, im Zeitalter von Dynamisierung und Abstraktifizierung der Lebensverhältnisse, die individuelle Identität in ein schutzgebietendes Ganzes zu überführen[455], wird somit von Jelinek ad absurdum geführt.

Das nachfolgende Kapitel setzt die Condition d' humaine der Fremde verstärkend fort. Weiterhin bleibt die Entgrenzung der redenden Figur vom Kollektiv „Inmitten der Fremde“[456] aus. Zwar tritt das Ich wieder

---

447 Vgl. Fischer, Trivialmythen in Elfriede Jelineks Romanen, S. 52.

448 Vgl. Szczepaniak, Dekonstruktion des Mythos in ausgewählten Prosawerken von Elfriede Jelinek, S. 113.

449 Lorenz, Entschleierte Erotik, S. 218.

450 Vgl. ebd., S. 215.

451 Geier, „Schön bei sich sein und dort bleiben“, S. 173.

452 Jelinek, Winterreise, S. 43.

453 Ebd.

454 Ebd., S. 45.

455 Vgl. Berger, Identität, S. 47.

456 Jelinek, Winterreise, S. 46.

männlich besetzt als „Der Fremde" auf, entlarvt sich jedoch erneut als dieselbe Figur. Als Indiz dafür dient wiederum der Unfall, welcher in verschiedenen Allusionen durchschimmert. So heißt es im Text in Bezug auf einen sich selbst abhanden kommenden und damit spiegelbildlich zum sprechenden Ich lokalisierten Wanderer:

> Er geht, um die Abfahrt anzugehen, und verliert sich in seinem Fahren. Er geht, um den Linksschwung etwas höher anzusetzen, und schon schwingt er in schreckliche Bögen hinab, wo er in einem andren Menschen verloren geht, mit dem er zusammengestoßen ist.[457]

Der Unfall formuliert eine Metapher des Selbstverlustes in einem unüberschaubar, ratlos gewordenen Lebensraumes.

Was bei Müller in der trügerischen Naturruhe und der daran anknüpfenden Nostalgie des einstigen Glücks im Gedicht „Der Lindenbaum" zum Ausdruck kommt, nimmt Jelinek zum Anlass, die schon in vorigen Kapiteln lediglich angeschnittene Entfremdung der Zivilisation von der Natur aufzugreifen. Dabei ersetzt der Sport, und damit der Freizeitvertreib der Massen, zunehmend den ursprünglichen Raum. Alles wird abgeschlagen, denn „Der Schipaß berechtigt uns dazu. Keiner verstellt mehr den Blick, kein Lindenbaum, kein Nadelbaum". Schon in Jelineks „Oh Wildnis, Oh Schutz vor ihr!" akzentuiert sie die natürliche Umwelt als Hindernis und Bedrohung zugleich. Entgegen der romantischen Imagination der Natur als harmonisches Abbild einer inneren Existenz[458] „schildert [sie] eine Zeit, in der die Unterwerfung der Natur als Folge der technischen Beherrschbarkeit durch den Menschen bereits vollzogen ist."[459] Dabei wird die Kulturlandschaft im Mantel österreichischer Idylle präsentiert:

> Auch die vermeintliche Natürlichkeit des Menschen, wie sie in Heimatromanen und Filmen mit der idyllischen Landschaft Österreichs beschrieben wird, erscheint als höchst gekünstelt und wird als Scheinnatürlichkeit kenntlich gemacht[460]

Nicht nur die nationale Identität Österreichs wird somit scharf persifliert[461], auch die kleinbürgerliche Vorstellung von der unberührtbäuerlichen Naturharmonie, die längst einer mechanistischen Staffage

457 Ebd., S. 53.

458 Szczepaniak, Dekonstruktion des Mythos in ausgewählten Prosawerken von Elfriede Jelinek, S. 181.

459 Doll, Mythos, Natur und Geschichte bei Elfriede Jelinek, S. 101.

460 Cho-Sobotka, Auf der Suche nach dem weiblichen Subjekt, S. 158.

461 Vgl. Klettenhammer, „Das Nichts, das die Natur auch ist", S. 332.

gewichen ist[462], karikiert Jelinek in der Natur als „synthetisches Kunstprodukt, das den Blick auf die Geschichte verstellt“[463], weswegen „Die Geschichte kein Ziel kennt“[464]. Ebenso wenig zählt die Vergangenheit. Statt Geschichtsaufarbeitung und Erinnerungskultur lautet das ironische Credo: „Nie mehr der Vergangenheit nachlauschen, nie mehr aufdecken“[465]. Ohne die eigene Geschichte zu kennen, bleibt eine wahrhafte Identitätsbildung aus, beklagt doch das Ich gerade in den vorherigen Kapiteln seinen Gedächtnisverlust auch als Destabilisierung des eigenen Bewusstseins. „Wir bringen alles an die Oberfläche“, besingt das Wir und charakterisiert somit indirekt sein eigenes „Flachheitsbegehren“[466]. Sowohl die Ahistorisierung als auch die Natur als Täuschung[467] mögen keine Identitätskonstituierung herstellen, da die Artifizialität keine Heimat zulässt. Selbst wenn der Mensch sich mit einem Tattoo äußerlich neu zu gestalten versucht, bleibt er sich in dieser lebensfeindlichen Umgebung fremd. Wie die Naturidylle im Gedicht „Der Lindenbaum“ nur noch als gefährliche Illusion existiert und der Wanderer der ambivalenten Bewegung „Es zog in Freud und Leide / Zu ihm mich fort“[468] unterliegt, bedient sich Jelinek in aktualisiertem Zuschnitt im Grunde genommen derselben Aussage. Die Natur nehmen ihre Figuren nur noch als Rauschen im Vorbei wahr[469], ehrlich mutet da die intertextuelle Übernahme „Es zog in Freud und Leide? Hauptsache fort!“[470] an. Flora und Fauna sind wie die Innerlichkeit des Menschen verloren, nicht einmal mehr das Schließen der Augen, um in eine eigene Phantasiewelt einzumünden, wie es Müllers Wanderer noch unternimmt, offeriert eine adäquate Rückzugsoption. „Aber im Dunkeln die Augen zu schließen, was soll das denn wieder? Ist doch unnötig.“[471] verdeutlicht die ungemeine Veroberflächlichung des Chors. Birgt die Natur in beiden Texten, bei Müller als Todesverführung, bei Jelinek als längst verlorenes Gut, eine gefährliche Veranlagung in sich, zeugt das Schließen der Augen des Wanderers trotz aller halluzinatorischen Anwandlung von einem kreatürlichen Moment. Eben

462 Vgl. ebd., S. 327.

463 Ebd., S. 324.

464 Jelinek, Winterreise, S. 47.

465 Ebd., S. 54.

466 Vogel, Flächenkonzepte, S. 9.

467 Vgl. Wright, Eine Ästhetik des Ekels, S. 55.

468 Müller, Die Winterreise, S. 14.

469 Vgl. Jelinek, Winterreise, S. 47.

470 Ebd.

471 Ebd.

gerade in der Erinnerung an das Einstige und der damit verbundenen träumerischen Projektion gelingt sein Dasein im inneren Bestehen.

Die Mehrheitsgesellschaft der „Winterreise" hingegen ist als leere Hülle längst „Umgebung geworden. Wir sind unsere Umgebung. Wir sind zugehörig zu uns"[472]. Ohne einen inneren Kern zu verspüren, kreist die Masse um eine Mitte, deren Sinnvorstellungen längst zum Nichts verkommen sind.

Scheinbare Identitätsstiftung besteht einzig in einer künstlich erbauten, äußeren Fassade: „Eine Schipiste, einen Strand, ein Wellness-Hotel, das alles können sie an uns haben und noch vieles mehr. Wir wissen es zwar auch nicht, was wir an uns haben, aber wir wissen immerhin, was wir wissen."[473] Doch dieses Wissen gleicht einer morbiden Gewissheit. Wenn das Bekenntnis „tot wie jeder, einfach jeder [...] tot wie alle"[474] zu sein, vorherrscht, ist weder die kollektive Identität, welche sich damit als Antiidentität zu verstehen gibt, noch die einzelne Identität ihrer Vitalität gewahr. Das redende, sich in Redundanzen selbst bestätigende und dadurch überhaupt noch präsente Wir existiert lediglich noch im Nicht-tot-Sein. Im dauerhaften Irregehen ohne Ziel und Hoffnung ist der Chor ein untoter, ohne Entwicklung und ohne Reflexion.

4.4 „als ich [...] ins Irre gegangen bin": Sehnsucht und Verblendung

Die Herstellung einer persönlichkeitsspezifischen Kohärenz für das Ich in der kollektiven Einbettung findet zuletzt keinen heilvollen Ausgang. Denn dieses

> Subjekt habe auf dem Weg der Selbstbehauptung und Selbstbestimmung alles ‚Eigene' und noch den letzten Funken subversiver Kraft abgegeben, um schließlich kaum noch anders als ein gleichsinniges subjektives Korrelat äußerer, soziokultureller Zwangs- und Gewaltverhältnisse zu sein.[475]

So wendet es sich nun neuen Optionen der Selbstverwirklichung zu, wobei die „Fragmentierung der figuralen Einheit"[476] schlussendlich unaufhaltsam erscheint. Nicht nur das von Schmerz erfüllte Subjekt aus „Die Winterreise" trauert im sechsten Gedicht, von hoffnungsloser Sehn-

472 Ebd., S. 54.

473 Ebd.

474 Ebd., S. 55.

475 Straub, Identität, S. 278.

476 Pflüger, Vom Dialog zur Dialogizität, S. 33.

sucht erfasst, seiner Geliebten nach. Auch das schattenhafte Ich des Posttextes, welches sich in depressiver Tonlage zu Beginn weiblich als „eine Misslungene, Fehlgeschaffene" definiert, fragt nach dem Leiden am vergeblichen „Verliebtsein"[477]. Den topographischen Rahmen des Lamentos bildet der virtuelle Raum des Internets. Im Cyberspace mündet die Hoffnung einer grenzüberschreitenden Kommunikation, die sich das Ich in seinen Bemühungen, aus der Einsamkeit hinaustreten zu können, zu Eigen macht. Die Kontaktherstellung kristallisiert neue identitätsbestimmende Konfigurationen heraus. Deswegen richtet die Untersuchung ihr Augenmerk etwas genauer auf dieses Kapitel.

Während sowohl der Nomade aus „Die Winterreise" als auch Jelineks Ich die Qualen der Beziehungslosigkeit in ihren jeweils verkommenen Welten beklagen und ihre Liebeserfahrungen aus der Retrospektive nicht über nebulöse Allusionen hinausgehen, nimmt die Wiener Autorin im hiesigen Abschnitt Müller die selbstironische Tendenz in der Figura etymologica „Die Liebe liebt das Wandern, –"[478]. Denn sie negiert die Sentenz, indem ihr Ich in der „virtuellen Liebe im Netz"[479] nicht das Rastlose, sondern das auf Dauerhaftigkeit angelegte Glück ersehnt: „Die Liebe liebt nicht das Wandern, aber sie sucht den Anderen". Gleichsam spricht es immer wieder, angelehnt an den Umherirrenden des Prätextes, vom Herzen, das wie in „Die Post" auf den ersehnten Brief hofft. Auf einen hochwertigen Brief nach romantischem Vorbild zu warten, erweist sich in der dem Ich fremden Zeit jedoch als anachronistisch. Es wird nicht mehr ersehnt, „man zittert, man wartet auf ein simples Klingeln, man ändert den Klingelton, wieder nichts"[480]. Selbst die Raffinessen moderner Technik können allein noch keine Kommunikation bilden, obgleich sich in ihrer Verwendung die Beziehungsstrukturen sowie das Menschenbild an sich ändern. Nachdem die weibliche Sprecherin offenbar über viele Jahre hinweg der Pflege der eigenen Mutter, wiederum kann darin eine biographische Implikation ausgemacht werden, hingegeben hat, kommt eine neue Lust nach „Zärtlichkeiten" auf, die es zu „konsumieren" [481] gilt. Dass Liebe buchstäblich zum Konsumgut ironisiert wird, zeichnet sich schon in früheren Werken der Autorin ab:

> Die Ideologie des Besitzes zeigt Jelinek als so weit in alle Bereiche der Gesellschaft vorgedrungen, dass zwischenmenschliche Beziehungen und

477 Jelinek, Winterreise, S. 56.

478 Müller, Die Winterreise, S. 8.

479 Reitter, Kampusch und die Alpe Adria.

480 Jelinek, Winterreise, S. 56.

481 Beide Zitate: Ebd., S. 57.

selbst die Figuren Warencharakter annehmen [...] Die Gleichsetzung von Ökonomie und zwischenmenschlichen Strukturen liegt dem Text zugrunde[482].

Das Forum für diesen regelrechten Beziehungsaustausch, in welchem das Ich nicht nur sich „selbst durchstreichen“[483], sondern ebenso andere Teilnehmer jederzeit bewerten und verwerfen kann, findet es im Internet vor. Kommunikation und Zwischenmenschlichkeit werden darin keineswegs mit Respekt assoziiert. Ferner folgt die Kontaktaufnahme allein zweckmäßigen Prinzipien sowie der Befriedigung rein egoistischer Triebe, was gegenüber dem romantischen Ideal des sehnsuchtsvollen Wartens in „Die Post“ dekadent anmuten dürfte.

Da die angedeutete Repression durch die Mutter ohnehin bis auf Weiteres besteht, wird jegliche Lebendigkeit einer möglichen Beziehung der Protagonistin im Keim erstickt, womit sie die Folie des Schmerzes des Müller'schen Wanderers nochmals verstärkt: „dieser Posthornton gefriert, das Blut gefriert mir in den Adern“[484].

In der matriarchalischen Allmacht, die insgesamt an die Beziehungskonstellation aus „Die Klavierspielerin“ anknüpft, normt die Überfigur der Mutter die Anatomie des denkbar zukünftigen Geliebten. Das Netz bietet dabei sowohl eine profilorientierte Deckung dieser Ansprüche als auch in seiner Heimlichkeit ein ersehntes Refugium.

Die Existenz des nach Vitalität strebenden Ichs wird auf diesem Wege mehr und mehr virtualisiert, der tatsächliche Menschenkontakt nimmt irreale Züge an. Statt Körperlichkeit und direkter Ansprache zeigt sich, dass Menschen in ihrer Wahrnehmung nur noch online repräsentiert sind, „andere Menschen gibt es ja schon lange nicht mehr“, und jene im Netz gelten als kaufbare Ware. Liebe entpuppt sich als trügerischer Schwindel im Mantel entschleierter Sexualität. Geradezu voyeuristisch bestaunt die weibliche Hauptfigur einen Mann, „der sich freimacht aus den Maschen, macht sich sofort frei, als er mich sieht, das ist ja der Zweck des Ganzen“. Die „Vulva des Netzes“[485] präsentiert sich als gar unermessliche Wunschmaschine, wo die „armselige Fotze“ und den „erwartungsfrohe[n] Schwanz“[486] die „riesige, erdumspannende Möglichkeit auf Genuß, auf Spaß, auf ein Teilen von Freuden“[487] ersehnen. „Wo Ge-

482 Brunner, Die Mythenzertrümmerung der Elfriede Jelinek, S. 140.

483 Jelinek, Winterreise, S. 56.

484 Ebd., S. 58.

485 Jelinek, Winterreise, S. 66.

486 Beide Zitate: Ebd., S. 62.

487 Ebd., S. 60.

schlechtliches von Jelineks Optik erfasst wird, wird das Pornoide des kalten Blicks erkenntlich"[488]. Entgegen lebenswirklicher Zuneigung klatschen in diesem brachialisierten Kosmos nur noch fragmentierte, einzig auf das Geschlechtliche reduzierte Leiber aneinander. „Das Netz spuckt schon wieder ein paar aus"[489], jeder, ob der „Triebgehemmte"[490] oder eben der „sexuelle[n] Leistungsträger"[491], kann durch Menschenselektion seinem selbst zusammengestellten Schauspiel frönen, wobei über die Maus Steuerung und Kadrierung von Körpern erfolgt. „Der Forscherblick wird ferner wie ein sadistisches Instrument gehandhabt"[492], indem er den Mensch zum verfügbaren Pars pro toto zusammenschneidet.

Der Mensch generiert per Mausklick zum verfügbaren Objekt, so wird im „Konsum[s] [...] der Zustand der Entindividualisierung vollendet"[493] und das Menschenbild auf ein mechanistisches Fundament gerückt. Dabei gibt sich der Mausklick wie ein verlängerter Arm, durch den sich eine ganz eigene Wunschrealität produzieren lässt. „Dass es nicht allein um Bilder, sondern vor allem um die Verfügungsgewalt von Bildern geht"[494], weist auf die Illusion einer machtvollen Gebärde hin, in der Cyberwelt selbst zum Kreateur zu werden.

Die Liebessehnsucht kann in jenem schaulustigen Entfremdungshorizont jedoch nicht erfüllt werden, allenfalls flüchtige Reize werden bedient, obgleich dem Ich der illusionistische Charakter durchaus bewusst ist. Gekleidet in eine kapitalistische Jagdmetaphorik wird protokolliert: „ich jage ihn nicht zurück, dorthin, wo er herkam, er ist eh nicht echt. Was von dort kommt, ist noch nie echt gewesen"[495]. Die immense Reizüberflutung oder wie Jelinek schreibt „Die Überbeantwortung"[496] kann wohl kaum über einen Abstumpfungs- wie Entfremdungsprozess hinwegtäuschen. In der nostalgischen Farce wie „das riesige Netz hinter ihm dort, wo früher die Sonne war"[497] oder in der sehnsuchtsvoll gebrochenen Gegenüberstellung „Von der Straße her ein Posthorn klingt, und

---

488 Höfler, Vergrößerungsspiegel und Objektiv, S.164.

489 Jelinek, Winterreise, S. 66.

490 Ebd.

491 Ebd., S. 67.

492 Höfler, Vergrößerungsspiegel und Objektiv, S. 156.

493 Brunner, Die Mythenzertrümmerung der Elfriede Jelinek, S. 145.

494 Kastberger, Die Haut der neuen Medien, S. 127.

495 Jelinek, Winterreise, S. 58f.

496 Ebd., S. 64.

497 Ebd., S. 60.

schon wieder ist für Sie eine Mail eingetroffen"[498] nimmt die zwischenmenschliche Entfremdung erneut im Gegensatz zwischen Natur und Kultur Gestalt an. „Die sich im Eigenheim abspielende Medienwirklichkeit übersteigt an Attraktivität alles, was draußen vor sich geht"[499]. Während die Natur einzig noch als fernes Echo rezipierbar wird, umrankt das Netz in seiner verführerischen Allgegenwart den Menschen wie ein Kokon. Das personifizierte und somit fast autonom operierende „Netz kommt von überallher, es schlingt sich um dich, es würgt dich, es zieht sich um deine Kehle zusammen"[500], bis es sich der Oberfläche des Menschen gänzlich bemächtigt. Zurück bleibt in dieser weiteren Veroberflächlichung nur noch die Erstarrung.

Obwohl das Ich offenbar selbst Einsicht in diese Scheinwelt gewinnt und darin trotzdem einen anderen Versuch der Selbstvergegenwärtigung vollzieht, wird es schließlich der Erkenntnis gewahr: „ich passe nicht [...] ich weiß, mein Herz, ich weiß, es passt nicht"[501] expliziert leidvoll das romantische Leitmotiv der Fremde in der Welt, wodurch Müllers Prätext in diesem Abschnitt trotz der Verschiebungsmechanismen eine Art Sehnsuchtsraum zukommt. Die Einsamkeit des Wanderers und dessen Hoffnung auf den Brief impulsiviert Jelinek in der Isolation einer unbarmherzigen Cyberwelt. Patriarchale Reliquien sowie die medienperformative Objektivation von Frauen[502] zu bloßen Sexinstrumenten offenbaren eine Welt jenseits inniger Beziehungsmöglichkeiten. Wie schon der Fernseher in verschiedenen Werken Jelineks immer die Rolle eines Ersatzfamilienmitglieds besetzt und soziale Strukturen dadurch aufbricht[503], fördert ebenso das Internet die Aushöhlung des Menschen sowie dessen gesamte „Virtualisierung des Privatlebens"[504]. Er blutet gewissermaßen aus, sodass sein innerer Kern zur äußeren Haut mutiert. Dabei vollziehen die Medien in ihrer Verselbstständigung den markanten Häutungsprozess eigenmächtig. In Bezug auf Jelineks Theaterstück „Babel" setzt sie diese Metapher in Szene:

> In ihrem Text nimmt sie das Bild der Häutung wörtlich und illustriert es, indem sie den Mythos der Medien, und dabei eben [...] vor allem auf das

498 Ebd., S. 67.

499 Langhammer, Fernsehen als Motiv und Medium des Erzählens, S. 196.

500 Jelinek, Winterreise, S. 71.

501 Ebd., S. 70.

502 Vgl. Lorenz, Entschleierte Erotik, S. 216.

503 Vgl. Langhammer, Fernsehen als Motiv und Medium des Erzählens, S. 195.

504 Affenzeller, Das Ich, das durch den Schneesturm geht.

Netz und seine neuen, vermeintlichen demokratischen Möglichkeiten projiziert[505],

wobei sich jener Freiraum als Ventil patriarchaler Gewaltanlagen darstellt und eine Scheinrealität die Wirklichkeit zu überdecken versucht. Diese Eroberung destilliert Abstumpfung und Empathieverlust[506], wodurch die neuen Medien eine identitätsstiftende Wirkung verfehlen. Die neue Haut führt im Gegenteil zur radikalen Depersonalisierung und Entleerung: „Da kommen diese riesigen Massen aus dem Netz, völlig maßlos, völlig überzogen das Ganze, völlig mit Nichts überzogen“[507]. Demzufolge lassen sich auf der Basis von Jelineks Medienkritik mehrere markante Ergebnisse in Bezug auf die Identitätskrise des Ichs konstatieren. Keinesfalls kann in der medialen Suche nach einem Du von einem Gewahrwerden der eigenen Persönlichkeit gesprochen werden. Vielmehr wird die Sprecherin zeitweise selbst Teil des brachialen Entäußerungsparadigmas. Das Netz bildet ihre neue Haut, sie verliert nicht nur den Blick für die natürliche Realität, sondern verschmilzt mit dem Cyberraum, wird hybrid, bis Grenzen zwischen Technik und Mensch verschwimmen. Kastberger macht diese Bewegung an zahlreichen Werken Jelineks aus:

> Nicht nur Film und Fernsehen, sondern auch die interaktiven Medien wie das Internet und die auf der Basis flächendeckend möglich gewordenen Mensch/Maschine-Schnittstellen definieren heute das Authentische neu.[508]

Jener Ansatz der Hybridität wird auch in der Identitätsforschung kontrovers diskutiert. Zwar bezieht beispielsweise Homi Bhabba den Begriff mehr auf das Zerfasern kultureller Konturen, der Begriff kann aber in einem weiter gefassten Rahmen auf die vorliegende Konstellation angewandt werden. Demnach ist gerade das „konflikthafte Ineinander von gegensätzlichen Elementen in ‚Identitäts‘-Formationen“[509] Ausdruck des Zusammenfalls von Mensch und Technik.

Aber nicht nur die Hybridisierung bedingt die Negation eines eigenständigen menschlichen Selbst. Vielmehr tritt im hiesigen Kapitel erneut die geschlechtliche Differenz des Ichs zutage. Wohingegen – stets unter der Prämisse, es handele sich in der „Winterreise“ um ein auf Müller verweisendes Wander-Ich – schon in den vergangenen Kapiteln teilweise Unklarheit über das eigentliche Geschlecht der Hauptfigur vorherrscht,

505 Kastberger, Die Haut der neuen Medien, S. 127.

506 Vgl. ebd., S. 185.

507 Jelinek, Winterreise, S. 62.

508 Kastberger, Die Haut der neuen Medien, S. 120.

509 Vgl. Berger, Identität, S. 60.

übernimmt die inzwischen weiblich bezeichnete Protagonistin genuin männliche Verhaltenszüge, indem sie den Blick des maskulinen Voyeurismus wie im Übrigen Erika Kohut in der phallozentrischen Welt der Cyberräume imitiert.

Obgleich es dem Ich somit wiederum nicht gelingt, seine Dissoziierung zu überwinden, kann es zumindest erneut eine Kontrahaltung aufbauen. Es trauert in jener Welt und formuliert im elegischen Klang des Müller'schen Wanderers seinen Schmerz, ruft es doch immer wieder „mein Herz, mein Herz!"[510] an. Gilt im Netz einzig die ökonomische Devise „Bei Nichtgefallen Geld zurück"[511], sehnt sich das Ich hier nach wahrer Liebe, welche es in seiner Zeit nicht zu finden im Stande ist. Auch der Prätext von Müller wirkt in seiner stilistischen Sensibilität und volkstümlichen Reinheit per se fremd gegenüber der instrumentell-nüchternen Sprache der Internetwelt.

Am Ende liefern die Versatzstücke aus „Die Winterreise" gar den letzten Halt für das deplatzierte Ich. Während die Umwelt zerbricht, bildet Müllers Text die noch alleinige Konstante, die aber keinen Einfluss auf die Gegenwart ausüben kann. Denn gleichwohl ist der Text immer noch fremd und das Ich längst ein Vakuum, weswegen die Frage offenbleibt, ob „Die Winterreise" nicht einfach fremd ohne eigene Reflexion rezitiert wird. Dennoch dient sie hier als Sehnsuchtsgebilde. Leise rauscht noch das romantische Liebesideal am Horizont. Gleich der Natur, die für die zerrissene Protagonistin nur noch als Echo nachklingt, gewährt aber die Liebe lediglich einen ruinösen Anblick: „Irgendwo hatte ich ein liebes Liebchen, keine Ahnung"[512]. In der Cyberwelt ist diese jedoch nicht auffindbar. Dem Ideal einer Vollkommenheit von Liebe oder allgemeiner zwischenmenschlicher Beziehungen via Netz wird zusammenfassend ebenso eine Absage erteilt wie der Vorstellung von einer kohärenten Identität, die in einem Kontinuum aus Zeit und Raum zu verorten ist. In Jelineks topographischer Perspektivierung des Netzes bestehen weder räumliche noch ethische Konturen. Dem Ich ist es somit unmöglich, in diesem fluid-verrohten Illusionsraum Fuß zu fassen.

510 Jelinek, Winterreise, S. 69.

511 Ebd.

512 Ebd., S. 72.

4.5 „Kein Licht tanzt freundlich vor mir her": Halluzination und Resignation

Die letzten Kapitel orientierten sich bezüglich ihrer referenziellen Struktur weitestgehend an der von Wilhelm Müller vorgegebenen Reihenfolge der einzelnen Gedichte. An dieser Stelle bricht die Autorin die strenge Anlehnung an die chronologische Ordnung auf. Denn sie beginnt zunehmend aus dem sprachlichen Reservoir des gesamten Liederzyklus zu schöpfen. Welche möglichen Gründe ergeben sich hierfür und welche Effekte treten dadurch zutage? Wie die Arbeit darlegt, spiegelt dieses gewissermaßen anarchische Aneignungsverhalten auf struktureller Ebene die Verwirrung der Figur wider. So gelingt es Jelinek, die Desorientierung ihrer Figur im Bruch mit der eigens angelegten, normierten Ordnung zu inszenieren.

Denn nachdem das Ich bislang mehrere Versuche in Angriff nimmt, seiner Depersonalisierung entgegenzuwirken, steht es nun am Endpunkt. Die Marginalisierung hat nun den Höhepunkt erreicht, denn „Sie haben mich abgeschoben."[513] Unbeantwortet deutet seine Müller entlehnte Frage „Was soll ich länger weilen, dass man mich trieb hinaus?" auf eine Todessehnsucht hin, da sich das Ich resignativ eingesteht: „Ich bin am Ende, aber das Ende bekomm ich nie zu sehen"[514]. Gerade der letzte Teilsatz zeigt, dass ähnlich dem Müller'schen Wanderer aber nicht einmal der Tod noch heilsbringend wirken kann. Er tritt nicht ein und verurteilt die Wartenden zum dauerhaften Untotsein.

In diesem Sinne steht das siebte Kapitel im Zeichen des völligen Selbstverlustes. Schon im dritten Abschnitt wird auf die Amnesie verwiesen, die sich nun zur halluzinatorischen Desorientierung entwickelt. Die Erinnerung ist einer absoluten Hermetik ausgesetzt, „es verabschiedet sich, mein Gedächtnis"[515]. Gemäß dem Abhandenkommen der Autonomie travestiert das Ich zum Mann, das sich als „Papa"[516], dem Zusammensuchen der Scherben seiner gebrochenen Vergangenheit annimmt. Aus der Retrospektive sinnt die in die Psychiatrie abgeschobene Figur ihrem einstigen Leben nach, obgleich ihr die Erinnerung zu entgleiten droht. „Ich war ein Wanderer, wenn es je einen gab"[517] impliziert einerseits die Unklarheit der eigenen Position, andererseits, dass die Wander-

513 Ebd., S. 73.

514 Beide Zitate: Ebd.

515 Ebd., S. 81.

516 Ebd., S. 76.

517 Ebd.

schaft in einer fremden Welt auf dem hiesigen Stationsflur an ihr Ende gekommen scheint.

Die Endzeitstimmung macht sich in ohnmächtiger Protokollierung des Einstmals breit: Statt der idyllischen Natur im Inneren des Wanderers aus „Die Winterreise" bleiben Jelineks offenbar von Frau und Tochter abgeschobenem Ich[518] lediglich noch vereinzelte Ruinen von der Natur. Es hat keinen Bezug mehr zu ihr und kann sie nicht wie Müllers Dichter beschriften, denn „Die harten Rinden von Bäumen sind unter meinen Händen geschmolzen, so geliebt hab ich die Natur, doch schmolz sie mir unter den warmen Fingern weg"[519]. Nachdem ebenso die Tochter und die Frau ihn ausnutzten und betrogen, gilt dem Redenden einzig noch der generalisierte, und damit auf die gesamte Gegenwart bezogene Formel: „Nur Täuschung ist für uns Gewinn"[520], womit der Prätext gewissermaßen als Beglaubigung des Leidens adaptiert wird. Tatsächlich nimmt die Täuschung buchstäbliche Formen an, da die Familie den vermeintlichen Vater offenbar „zu den Irren"[521] und damit in die Psychiatrie gebracht hat. Die wahren Gründe für die Einweisung sind lediglich allusorisch dem Text eingepflegt. Wie bei Müller die Entfremdung des Wanderers von der Geliebten über das Geld motiviert sein könnte, greift Jelinek die beispielsweise schon aus „Die Liebhaberinnen" bekannte Verbindung zwischen Liebe und Kapital auf[522]. Bezug nehmend auf ein Bild des Liederzyklus heißt es: „um Nam und Zahlen windet sich ein zerbrochener Ring"[523]. Dass Frau und Tochter sich in kleinbürgerlicher Manier „halt für das eigene Haus entschieden"[524] haben, gilt als weiteres Indiz dafür, sich eine Zukunft ohne den Vater erschleichen zu wollen. Sind es bei Müller noch die engstirnigen Dorfbewohner, denen sich der Wanderer entzieht, überträgt Jelinek in den Zitaten diesen Typus, denn auch die Familien des Abgeschobenen „erträumen sich manches, was sie nicht haben"[525], und wollen „sich im Guten und Argen erlaben"[526]. Bereits in „Die Klavierspielerin" angelegt, „macht [Jelinek] deutlich, wie nicht zu-

518 Vgl. ebd., S. 74.

519 Ebd.

520 Ebd., S. 75.

521 Ebd.

522 Vgl. Lücke, Elfriede Jelinek, S. 53.

523 Jelinek, Winterreise, S. 82.

524 Ebd.

525 Ebd., S. 83f.

526 Ebd., S. 83.

letzt die Mutter an den Ausbeutungspraktiken beteiligt ist, […] um ihre egoistischen Ziele zu erreichen."[527]

Wie ein Objekt – „Wir sind ein Vieh"[528] – verfahren Tochter und Frau mit dem Ich, bis es „Fels und unerbittlich geworden"[529] ist. „Abgelagert wie Gestein"[530] sitzt es im Irrenhaus, wo es nur noch sein Passé, „ein Rückwärtssehen"[531], in monologischer Isolation realisieren kann. Ebenso der erwünschte, konjunktivische Reif aus dem Gedicht „Der greise Kopf" als Sinnbild der Todesnähe wird in der „Winterreise" faktisch: „Jetzt ist Reif als weißer Schein mir übers Haupt gestreut"[532].

In der Reflexion der Hauptfigur – ein für Jelinek kaum mehr adäquater Terminus – wird Müllers Fluss, welcher ja zunächst als Erinnerungstransporteur positiv besetzt ist, zur Allegorie des unwägbaren Gesellschaftslaufes und des Lebens überhaupt stilisiert. Angereichert mit „schmutzige[m] Wasser"[533] weist er „keinen Weg, ich muß mit, mit dem Wasser mitschwimmen"[534]. Als das Ich noch zu Hause war, konnte es offenbar in diesem Getriebensein mithalten. Inzwischen wird der Fluss „als unsicheres Element"[535] präsentiert, das keine Ruhe gönnt, sondern ein unerbittliches Mit-sich-Reißen beinhaltet. Zu sehen ist damit ein „Menschenfluß"[536], in dem sich das Ich in der Vergangenheit verloren hat.

Andererseits kann der er als schwindende Lebenskraft interpretiert werden. So äußert das Ich mit mittels elegischer Interjektion: „Ach, der Fluß wird seit einiger Zeit schon stiller"[537] und treibt in seinem Abtragen der sinnbildlich für das untote Ich stehenden Gesteinkonturen die Verflachung respektive Abstumpfung voran. Gänzlich entwurzelt kann es nur noch die Frage „wohin hat mich der Fluß gespült?"[538] stellen. Eine Antwort erhält das im Selbstgespräch befindliche Ich nicht. Gerade im Rekurs auf die Flussmetapher zeichnet sich im Übrigen eine offensichtliche

527 Szczepaniak, Dekonstruktion des Mythos, S. 75.

528 Jelinek, Winterreise, S. 88.

529 Ebd., S. 85.

530 Ebd.

531 Ebd., S. 90.

532 Ebd., S. 78.

533 Ebd., S. 76.

534 Ebd., S. 77.

535 Ebd.

536 Ebd., S. 80.

537 Ebd., S. 81.

538 Ebd., S. 83.

künstlerische Strategie Jelineks ab. Zwar ist das Gewässer in Post- und Prätext vereist, allerdings wissen die Figuren jeweils unterschiedliche Taktiken des Umgangs zu finden. Indem das lyrische Ich die gefrorene Wasseroberfläche zum Gegenstand der poetischen Beschriftung wählt und in seiner Vorstellungskraft dem fließenden Wasser eine Transportfunktion zuschreibt, wird in dem Strom trotz seiner objektiven Statik Bewegung und Entwicklung imaginiert. Bei Jelinek hingegen kann die Figur kein eigenständiges Verhalten gegenüber dem Fluss aufbauen, was sich in den auffälligen Partizipienkumulation „gespült“[539] oder „geworfen“[540] offenbart. Sie geben eine absolute Unumgänglichkeit preis und werfen das Ich auf seine Ohnmacht zurück. Hierin formuliert die Autorin demzufolge einerseits eine Beglaubigung im Sinne der sich verschließenden Natur, andererseits verabsolutiert sie das Bild, negiert sie doch jegliche Entwicklungspotenzialität. Für die Identität zeigt sich wiederum, dass Jelineks Ich seiner Innerlichkeit entledigt ist. Denn die Bewegung des Flusses im Liederzyklus, das fließende Wasser, das die Tränen zur Geliebten bringen soll, ist allein eine innerlich-fingierte Operation, welche den Phantasieraum des Wanderers zu erkennen gibt.

So gesehen bleibt jedweder Widerstand des Lavierenden der „Winterreise“ hoffnungslos.

Er steht „nicht mehr auf festem Grund, und auch dieses Haus kenne ich nicht“[541]. „Ich bin ein Fremdling“, wird ihm heimatlos gewahr, wobei in der Derivation durch *-ling* gleichzeitig die Assoziation mit Schäd*ling* und die bereits aus anderen Texten, wie „Oh Wildnis, oh Schutz vor ihr!“ oder „Die Klavierspielerin“, bekannte Hygienemetaphorik[542] aufgerufen wird. „Die Irren sollen weg, die Geistesschwachen auch gleich mit, diese Menschen ersten und zweiten Grades“[543] lässt sich in der Verbindung mit dem Reinigungsbild sogar als faschistoides Ausgrenzungsmuster[544] bezeichnen, das in Anlehnung an die kleinbürgerliche Mentalität zudem wiederum mit ökonomischen Verwertungsinteressen versehen wird[545].

Die unwägbare Kälte der außeren Ordnung spitzt dabei unmittelbar die Identitätsdekonstruktion zu. Gezeigt wird ein Ich, das offenbar nicht mehr ganz bei sich ist und allmählich in ein Zerfließen übergeht. Dass es

539 Ebd.

540 Ebd., S. 85.

541 Ebd., S. 83.

542 Vgl. Cho-Sobotka, Auf der Suche nach dem weiblichen Subjekt, S. 115.

543 Jelinek, Winterreise, S. 88.

544 Vgl. Böhmisch, Jelinek'sche Spiele mit dem Abjekten, S. 41.

545 Vgl. Jelinek, Winterreise, S. 89.

in der zweiten Hälfte des Kapitels sogar die interne Fokalisation einbüßt, indem sich ein Er/Sie-Erzähler die Perspektive aneignet, unterstreicht die Ohnmacht, sich selbst noch bewahren zu können. Nicht einmal das Sprechen kann die Figur noch bewahren. „Anstatt der höchsten Subjektivität setzt Jelinek den ‚Tod des Subjekts' in Szene"[546], der in der Quasi-Beerdigung des (zumindest noch physisch) präsenten Ichs mündet: „er ist nicht mehr unter uns, wir bringen ihn weg, den Vater"[547]. Der Identitätsverlust führt so weit, dass zeitweise wieder ein Wir, nämlich „Wir Besitzer, Besitzer von Menschen"[548], das Ich gewissermaßen übertönt.

Wo es „kein[en] Halt mehr" gibt, scheint es, „als fiele ein Blatt zu Boden"[549]. Wohingegen bei Müller sich die Hoffnung zumindest noch im vorgestellten Blatt hält, das am Baum hängen bleibt, ist das Paradies bei Jelinek endgültig verloren. „Wie dieses Blatt [...] und ich fall selber mit ihm zu Boden"[550]. Schlussendlich obsiegt allein die bittere Konklusion: „Kein Wandern mehr, kein buntes Blatt an den Bäumen mehr zu sehen"[551].

Müllers Prätext steigert und verbildlicht zugleich den qualvollen Schmerz eines Ichs, das „von woanders her" gekommen und nun „am Ende mit allen Träumen"[552] ist. Vom angedeuteten Gebirge, erinnernd an den Weg von Nietzsches Zarathustra, der sich ebenso in die fremde Welt der menschlichen Gesellschaft begibt und sogleich Ausschluss erfährt, halluziniert das Ich, es könne selbst herabgestiegen[553] sein. Die Entfremdung sowie Selbstentäußerung nimmt damit in der Bewegung des Fallens Gestalt an. Radikal inszeniert Jelinek eine „Welt, in der es längst kein Selbst mehr gibt"[554]. „Jetzt bin ich aus mir selbst verwiesen worden" löst demzufolge jegliche Bewusstseinsarchitektur auf und hinterlässt allein ein Unzuhause im Abseits, dem allenfalls noch ein Funken Selbstbetrug, nämlich die „Täuschung, daß ich wär zu Haus"[555] innewohnt. Auch das dem Liederzyklus entsprungene, verführerische Irrlicht ist längst erlo-

546 Cho-Sobotka, Auf der Suche nach dem weiblichen Subjekt, S. 164.

547 Jelinek, Winterreise, S. 89.

548 Ebd., S. 91.

549 Beide Zitate: ebd., S. 78.

550 Ebd., S. 80.

551 Ebd., S. 94.

552 Beide Zitate: Ebd.

553 Vgl. ebd, S. 95.

554 Burger, Der böse Blick der Elfriede Jelinek, S. 23.

555 Jelinek, Winterreise, S. 100.

schen, da „Kein Licht, das freundlich vor mir hertanzt."[556] einen Fluchtweg aufzuzeigen imstande ist. Äquivalent zum Weiser in „Die Winterreise" verleitet gleichsam Jelineks Weiser ihr Ich auf den kargen Höllenpfad. „Dieser Weiser hat mich verwiesen, diesen letzten Weiser konnte ich nicht ignorieren"[557], weil er eben nur in eine Richtung, genauer auf den uns bekannten „Totenacker"[558] führt.

Die hoffnungsvolle Frage aus „Die Winterreise" nach der Identität „mein Herz, in diesem Bache erkennst du nun dein Bild?, nein, leider erkenne ich gar nichts mehr"[559] mündet in Negation und Ohnmacht. Der Fluss vermag den Vater nur noch ins Schattenreich zu überführen, sodass im Fernen lediglich noch ein postmodernes „Rauschen in den Ohren"[560] vage die Welt anzudeuten weiß.

In dieser Welt im Endstadium gibt es „Keine Fortsetzung"[561]. Fungiert bei Dürrenmatt das Irrenhaus als Allegorie für die am Rande des Wahnsinns befindliche moderne Gesellschaft, spinnt die Autorin diesen Gedanken weiter. Die „Endstation"[562] in der Sphäre des Ichs gleicht damit keiner natürlichen Psychiatrie, auch von einem natürlichen Winter kann keineswegs mehr die Rde sein. Ferner scheinen „der Winter, den sie mir bereitet haben", und der Wegweiser, der „verrückt ist"[563], insgesamt Ausdruck bewusst gesellschaftspolitischer Verwerfung zu sein. In Bezug auf „Die Winterreise" wurde bislang mehrfach angedeutet: „Die Winterreise ist Zeitkritik"[564]. Diese Lesart transponiert Jelinek auch in ihren Text, indem sie das dem Wanderer gegenüber unwirtliche Bürgertum auf den Gesellschaftszusammenhang der Gegenwart überträgt. Die Ausgrenzung des Reisenden entspricht den Marginalisierungs- und Verwertungsstrategien einer subversiv kleinbürgerlich-faschistoiden Gesellschaft[565] von heute.

Die unlängst morbide Redefigur kann ihr nicht mehr entweichen, zu schwach, wie Müllers Wanderer zu „matt zum Niedersinken"[566], muss

556 Ebd., S. 97.

557 Ebd., S. 101.

558 Ebd., S. 102.

559 Ebd., S. 94.

560 Ebd., S. 95.

561 Ebd., S. 102.

562 Ebd., S. 103

563 Beide Zitate: Ebd.

564 Arlt, Müllers List, S. 81.

565 Vgl. Burger, Der böse Blick der Elfriede Jelinek, S. 20.

566 Jelinek, Winterreise, S. 102.

sie sich dem aufoktroyierten Schicksal fügen. Dass es sodann völlig dem Irrsinn anheimfällt, verdeutlichen vor allem die leiernd-schleifenhaften Redundanzen[567], die das Ende des Kapitels dominieren. Im Ton der trostlosen Gleichgültigkeit und in den Kontrollverlust verstärkenden Ellipsen wird die ruinöse Rede des Ichs wie ein Tonband abgespielt: „Kann weiter nicht, nicht weiter. Kann nicht. Kann nicht. Aus."[568] Was hierbei tatsächlich in den fragmentarischen Satzfetzen fehlt, ist das Subjekt. Die Sprache gibt es scheinbar begraben. Statt eines noch Halt gebietenden Sprachvermögens gewinnt die Rede etwas beinahe Automatenhaftes. Nicht zuletzt die zentrale Frage „wer ist Ich? Welches Ich?"[569] kippt die durchaus für Jelinek schwierige Vokabel der Identität in eine Antiidentität.

Die Konsequenz aus der naiven Frage nach dem Subjekt stellt dabei auch die gesamte Glaubwürdigkeit der Erzählung der verzweifelten Figur infrage. Nahezu die komplette Riege der Literaturkritik neigt dazu, in ihr die biographische Anleihe des „einst in die Psychiatrie eingelieferten Vater Jelinek[s]" zu sehen. In der Tat könnte der an Alzheimer erkrankte Vater der Österreicherin gemeint sein, dem sie aus einem möglichen Schuldkomplex heraus eine Stimme aus „den Tiefen innerer Emigration"[570] verleiht. Dadurch wird auch die negative Beschreibung der Mutterfigur im hiesigen Kapitel nachvollziehbar, da aus Jelineks Sicht ihre Mutter maßgeblich die Verantwortung für dessen Einweisung tragen hat. Dieser Schulkomplex dürfte in der Tat nicht zu vernachlässigen sein, da Jelinek dessen Verlust sogar in ihrer Rede „Im Abseits" einen hervorgehobenen Stellenwert einräumt. Fast an das Wandermotiv anknüpfend heißt es darin: „Auf dem weg des Vaters, der zu früh gegangen ist."[571]

Aber allein eine biographische Deutung anzulegen, würde die unklare Identitätsstruktur zu sehr kanalisieren, zumal diese Vereindeutigung dem erzählenden Ich letztlich in höchstem Maße eine Zuverlässigkeit unterstellen würde. Dass sich aufgrund der Frage nach dem Ich jedoch die Kohärenz der Identität und damit wiederum ebenso eine klare geschlechtliche Zuweisung als obsolet erklärt, lässt die literaturkritische Rezeption völlig außer Acht. Einzig der bekannte Theaterkritiker Peter Michalzik regt zu einer weiteren Interpretation über die biographische Sichtweise hinaus an: „Ihr Vater war tatsächlich in der Psychiatrie, aber

567 Vgl. Braun, Durch Schnee und Wind, Wald und Flur.

568 Jelinek, Winterreise, S. 104.

569 Ebd., S. 103.

570 Beide Zitate: Heinze, Mehr Satire statt Zynik in Jelineks „Winterreise".

571 Jelinek, Im Abseits.

weniger darum geht es, als um das zarte Portrait eines Verlorenen"[572], der möglicherweise selbst nicht mehr Herr oder Frau seiner respektive ihrer Gedanken sein könnte. Demnach dürfe die in die Halluzination abgleitende Schilderung nicht als reine Wahrheit begriffen werden. Das Ich ist mannigfaltig besetzbar. Eine polyvalente Besetzbarkeit vorausgesetzt, könnte in dem leidenden Ich auch eine Anspielung auf den an manischer Depression erkrankten und allerdings von sich selbst in eine Heilanstalt eingewiesenen Robert Schumann zu finden sein. Weil Jelinek sich schon in ihrem Stück „Clara S." mit dem Komponistenpaar Clara und Robert beschäftigt, wäre eine solche Lesart nicht unbedingt von der Hand zu weisen. Ferner könnte es auch sein, dass die Autorin das gesamte, bislang implizit unterstellte Wanderkontinuum als denkbare Norm zu zertrümmern wagt und eine zweifelsfreie Identifizierung des Ichs als die zumeist weiblich gekennzeichnete Sprecherin überhaupt nicht gewollt ist. Eine abschließende Antwort kann hierzu nicht gefunden werden.

Was jedoch für alle Interpretationen zutreffend sein dürfte, ist die völlige Destruktion der hiesigen Identität zur Antiidentität. Sei es nun das zumeist weibliche Subjekt, das seine eigene Existenz in gänzlicher Verwirrung neu zu erfinden versucht, der mögliche Vater, Schumann oder ein anderes männliches Ich – gerade die Unfähigkeit, eine fixe Bestimmung der Person vorzunehmen, ist der Herausbildung einer Nicht-Identität im Sinne der theaterästhetischen Konzeption Jelineks unmittelbar zweckdienlich.

Das letzte Kapitel der „Winterreise" wird als Nachgesang die Idee einer Identitätskonstruktion nun endgültig zu Grabe tragen. So fremd wie das Ich in dem prologartigen Beginn in das flache Endzeitstück einzieht, so fremd, gar dehumanisiert wird es wieder ausziehen.

4.6 „ich bin nichts" oder „Willst zu meinen Liedern / Deine Leier drehn?": Zwei Wege einer Wanderschaft zwischen Negation und Identifikation

Das Ich der „Winterreise" ist von Anfang an depraviert. Weder Natur, Masse noch die neuen Medien versprechen ihm eine Heimat. Nichts kann weder über seine defizitäre Identität als solcher, die einzig noch im Sprechakt überhaupt erahnbar wird, noch über seine geschlechtliche Inkonsistenz hinwegtäuschen. Um die Dissoziation zu verstärken, bedient sich die Autorin darüber hinaus ihres theaterästhetischen Inventars, indem sie mittels der Dekonstruktion die Figuren zu Sprachflächen ein-

572 Michalzik, Wandererin, kommst du zu Pa...

ebnet. Dadurch geriert ihr Personal zu einem Schattenkabinett, in dem der Einzelne allenfalls noch zum Funktionsträger, zum Beispiel dem nach Konkurrenz und Kampf strebenden Sportler oder dem kleinbürgerlichen Sparer, verkommt. Zumeist kommen die Figuren in ihrer Deformation schon zu Beginn an ihrem Ende an, sind sie doch nur noch fratzenhafte Staffagen, ohne Innenleben, ohne Bedeutung.

Würde man diese Konstruktionshaftigkeit auf die „Winterreise" übertragen, erfordert es jedoch eine ambivalente Sichtweise. Einerseits bedient sich die Nobelpreisträgerin ihres durchaus bekannten „Einsatz[es] von Verflachungsstrategien", um jegliche „Tiefenillusion"[573] zu eliminieren, andererseits unterscheidet sich das Stück in seiner charakterlichen Konsistenz erheblich von ihren vorherigen Werken. Zwar kann nicht die Rede von einer psychologischen Substanz in der Figurenanatomie sein, dennoch demonstriert der Tonfall in weiten Strecken sehr persönliche Züge. Die acht Kapitel sind Stationen des Leidens an der Welt und in ihrer stilistischen Verfahrensweise nicht allein satirisch angelegt.

Im letzten Kapitel mutet die unerhörte Klagesuade des Ichs in diesem Zusammenhang wie ein Epitaph an. Oftmals werden satirische Elemente und für Jelinek allzu berüchtigte Sprachspielereien vom schmerzvollen Gewahrwerden einer unermesslichen Perspektivlosigkeit überlagert. Wir sind an das Ende gelangt, wo das Ich seinen verfrühten Verfall zum „Greis" reflektiert, der „jetzt ein Gestell zum Gehen braucht"[574]. Eilt es zu Beginn noch der rücksichtlos-vorüberziehenden Zeit hinterher, konstatiert das Ich nun in gleichgültiger Abfindung: „Das alles ist vorbei, es ist die ganze Zeit an mir vorbeigegangen"[575]. So ist es kaum verwunderlich, dass ebenso die Chronologie der Zitation erneut aufgebrochen wird und der gesamte Liederzyklus als Quelltext des Schlusses fungiert. Während die äußeren Verhältnisse zerfließen, erstarrt das bewegungslos gewordene Ich. Es ist des Lebens müde geworden, „es ist vollkommen beliebig"[576], was man unternimmt, gehört werden seine Rufe ohnehin nicht mehr.

Das Irrewerden in diesem Lebensraum gilt als nahezu unabwendbar wie irreversibel: „Versagt die Anschauung der Welt, weil man nicht weitergehen kann, versagt auch der Verstand, der sich die Welt sowieso schon lange nicht mehr erklären kann"[577] und gleich der Hülle des Kör-

573 Beide Zitate: Vogel, Flächenkonzepte, S. 9.

574 Beide Zitate: Jelinek, Winterreise, S. 106.

575 Ebd.

576 Ebd.

577 Ebd.

pers in ein Stadium der Immobilität übergegangen ist. Wie dem Wanderer gelingt der Hauptfigur „auf unwirtbaren Wegen"[578] in die Vergangenheit nicht, einen Ort in der schonungslosen Lebenswirklichkeit zu finden. „Ich bin eine Frau, ich bin nichts, und mir gehört nichts"[579] referiert nicht nur auf die durch den Unfall geschädigte Sprecherin, sondern verstärkt die integrale Unexistenz als Frau in einer männerdominierten Welt. „Das weibliche Geschlecht als Figur des Abjekten stellt eine Art Leitmotiv in Jelineks Werk dar"[580], weil darin in der Frau stets das Unvermögen, eine eigene Identität aufzubauen, angelegt ist. Denn in ihrem gesamten Œuvre suggeriert die Autorin „die allgemeine Ortlosigkeit des weiblichen Geschlechts [...] Das weibliche Geschlecht wird entwertet durch Faktoren wie Alter, Heimatlosigkeit und Entfremdung"[581]. Auch das hiesige Ich ist in diesem Kontext der Vergänglichkeit und Dezentrierung (ent)lokalisiert. Der „Gewalt der patriarchalischen Ordnung ausgesetzt, die sie vorwiegend als Objekte betrachtet"[582], werden Frauen im „Menschenrennen und Marathonrennen für Menschen und Frauen"[583] dem Absonderlichen, gar dem Fremdkörper zugewiesen. Jeder männliche Zeitgenosse gilt ihnen gegenüber gewissermaßen als übergeordnet. „Dabei ist die Metapher des Geschlechts grundsätzlich Metapher des Sozialen und grundsätzlich dient sie der Entlarvung von Machtstrukturen."[584] Insbesondere in der Verbindung aus Weiblichkeit und dem bei Jelinek rigoros mit dem männlichen Bild der Beherrschbarkeit von Natur verpflichteten Sport sind „Weder ‚die Frau' noch ‚die Natur' [für] Jelinek natürliche Orte."[585] Sowohl die Antiidentität der Frau, „von denen gibt es ja viele"[586], als auch die Natur werden mit dem Artifiziellen assoziiert. Die „Trennung des Menschen von der Natur erscheit dabei als kulturelle Voraussetzung, beide Objekte zu beherrschen."[587]

Demgemäß äußert auch der Sport ein machtpolitisches Kalkül. Wenn Schipisten die Bergabhänge kennzeichnen, darf dies nicht als Ausdruck für Annäherung des Menschen an die Natur, sondern im Gegenteil als

578 Ebd.

579 Ebd.

580 Böhmisch, Jelinek'sche Spiele mit dem Abjekten, S. 37.

581 Brunner, Die Mythenzertrümmerung der Elfriede Jelinek, S. 34.

582 Solibakke, Österreichische Gedächtnismodelle, S. 89.

583 Jelinek, Winterreise, S. 112.

584 Hoffmann, Die Bande der Liebe, S. 54.

585 Doll, Mythos, Natur und Geschichte bei Elfriede Jelinek, S. 122.

586 Jelinek, Winterreise, S. 113.

587 Gürtler, Die Entschleierung der Mythen von Natur und Sexualität, S. 121.

dessen hybrische Aneignung der derselben verstanden werden. Die zivilisatorische Neuformierung des natürlichen Lebensraumes zu sogenannten Kulturlandschaften bildet geradezu die Schutzbastion gegenüber einem unsicheren Naturkosmos[588], denn „als noch die Stürme tobten, riskierte man die Abfahrt nicht"[589] – inzwischen, das bleibt zu vermuten, ist nicht einmal mehr die Windkraft unabhängig von menschlicher Einflussnahme. Dabei geht der Sport auch eine Verzahnung mit dem Niedergang der Identität ein. Indem Jelinek palimpsestartig den Sport mit der Ökonomie ineinanderlagert – „es kommen immer neue zur Liftstation und zum Anlageberater"[590] – erzeugt sie ein riskantes Wechselspiel. Die Behauptung „Die Abfahrer können wie immer so auch jetzt ungehindert fahren, die Anleger werden enttäuscht"[591] basiert auf dem gemeinsamen Moment des Fallens. Was dem Skifahrer die Talfahrt bedeutet, impliziert dem Anleger den Börsensturz. Diesem Szenario wohnt das Scheitern eines konkurrenz- und machtdurchdrungenen Denkens inne, das, statt Identität zu stiften, eher die sukzessive Eliminierung dergleichen steigert. Trotz seines Misserfolgs beutet der Abfahrer, „der ist ein Gott für uns"[592], unaufhaltsam seine Umwelt aus. Ersetzt wird diese durch ein radikalkapitalistisches System, in welchem „Arbeit und Sport"[593] Wettbewerb und Ressourcenwirtschaft verhandeln. Um eine profitable Bilanz in einer derartigen Verwertungsordnung zu erreichen, würde

> Alles, was abgefahren wäre, [...] sofort ersetzt werden, und so sind wir immer gleich viele, es ist mir gleich, wie viele wir sind, doch die Zahl muß immer stimmen, es muß immer einen Ausgleich geben [...] was abgefahren ist, muß aus Menschenbestand wieder aufgeforstet werden[594].

Dem Menschen ist jedwede Autonomie abgesprochen. Längst in das Totenreich gebannt, wird er als „echte[r] Tote[r]" [595] zum frei verfügbaren Objekt degradiert und als Forstmaterial zum Einsatz gebracht. Handeln die spöttisch mit Göttlichkeit versehenen Akteure des Systems, Eliten aus Politik, Wirtschaft und Gesellschaft, die im männlichen Habitus des Hochleistungssportlers auftreten, mit der Ware Mensch, stehen sie mit diesem reduktionistischen Menschenbild Pate für eine faschistische Mo-

588 Vgl. Gál, Die Wege und Irrwege der Sprache, S. 181.

589 Jelinek, Winterreise, S. 117.

590 Ebd., S. 114.

591 Ebd.

592 Ebd., S. 115.

593 Ebd., S. 116.

594 Ebd.

595 Vgl. ebd., S. 117.

dellordnung. Ohne gegen die elitäre Minderheit aufzubegehren, findet sich die Masse in eine wohlig-blinde Opportunität ein, wodurch im Grunde genommen jeder Mensch in einer solchen Verwertungsgesellschaft prinzipiell einem derartigen Abfahrertum zugehörig ist. Zwar scheint „ein dunkles Gebilde, ein sirrender Schwarm"[596] in den Klängen der Skipistenlautsprecher dieser Gemeinschaft aus Abfahrern eine Vorahnung des bevorstehenden Kollapses zu sein, aber ein eigenständiges Denken ist diesen Hüllenfiguren nicht mehr möglich.

Lautsprecher bestimmen den grellen Ton der Zeit. „Ich möchte etwas anderes hören, aber wer fragt mich schon?"[597] ruft das Ich in einen Raum, in dem es niemand hören möchte. Da es keinen Platz mehr in dieser schrillen Gesellschaft hat, kann es auch nicht an „leise[n] Gespräche[n] an Wirtshaustischen, an denen ich keinen Platz mehr habe, mein Leiern, mein endloses Geseire, mein Geleiere"[598] kundtun. Wie schon dem Gemüt des Wanderers nachempfunden, erweckt ebenso das Wirtshaus der „Winterreise" keinen gastlichen Eindruck mehr. Wohingegen es bei Müller die Friedhofskränze sind, die dem Reisenden den erhofften Tod signalisieren, sind es bei Jelinek die zum Tod entäußerten Insassen der Wirtschaft.

In der Geräuschkulisse der Lautsprecher pulsiert der Rhythmus der Gegenwart, welcher die einzelne Hörerschaft durch ein konformistisches Kollektivhören ersetzt. „Es wäre ein anderes Hören, wenn jeder auf sein Inneres hören würde. Es geht nicht, dass jeder etwas andres hört"[599]. Indem alle im Strom der Mitläuferschaft schwimmen, entledigen sie sich ihrer inneren Existenz, bis die Utopie vom Selbst in einer nekroformen Hülle Gestalt annimmt.

Dass die Hauptfigur auch unlängst einem Interstadium zwischen Leben und Tod angehört, mag spiegelbildlich in ihrer Zerrissenheit angelegt sein. Noch unmittelbar vor der morbiden Eingemeindung in die Masse der Abfahrer – „Nur noch wir Tote sind da"[600] – distanziert sich das Ich noch von der Majorität: Der Austausch von Menschenmaterialien könne „Natürlich nicht durch solche wie mich, lebende Tote, sondern durch richtige, echte Tote"[601] stattfinden. Die Antiidentität der noch in Wortkaskaden präsenten Figur existiert jedoch schon als eine völlig untote, die

---

596 Ebd.

597 Ebd., S. 116.

598 Ebd., S. 117.

599 Ebd., S. 123.

600 Ebd.

601 Ebd., S. 116.

sich auf der allgegenwärtigen Fläche auszuradieren sucht. Lange trachtet sie im Laufe des Stückes noch danach, sich selbst zu rekonstruieren. An dieser Stelle vollzieht sie aber die radikale Identitätsnegation. Weder Körper, Psychologie noch Figurenhaftigkeit an sich kann sie noch beanspruchen.

Müllers Leiermann nachempfunden äußert das Ich seine eigene Labilität in Bezugnahme auf den barfüßigen Musiker: „Ich schwanke in mir selber hin und her“[602]. In der lakonischen Selbstauflösung „ich bin nichts“[603] obsiegt die Totalität der Leere. Ganz dem Ideengerüst aus „Die Liebhaberinnen“ und anderen Werken der Autorin verbunden, geht es um „das allmähliche Absterben der Gefühle und die Unfreiheit des Menschen in der konsumistischen und gedankenlos-konformistischen Gesellschaft“[604], in welcher die Vorstellung von Subjektivität zur phrasenhaften Utopie vergeht.

Selbst der am Ende des Liederzyklus auftretende Leiermann kann in Jelineks dramatischem Schlachtfeld seinen utopischen Zug sowie seine letztlich identitätsherstellende Funktion nicht entfalten. Was die Kritiker als das wahrhaftige wie biographische Klagelied Elfriede Jelineks deuten, die in der „Winterreise“ ihr gesamtes gesellschaftskritisches Tableau vorleiere[605], entpuppt sich als buchstäblich unerhörter Totengesang.

Der Leiermann der „Winterreise“ präsentiert sich dabei als Reliquie einer verlorenen Zeit. Während aus den Lautsprechern der Skipisten die zeitgenössische Ware Musik[606] – „Immer ein neues Lied“[607] – den Rhythmus der Gegenwart bestimmt, kann der Leiermann mit seinen „fauligen Liedern, immer denselben, die vor zwanzig, dreißig, vierzig Jahren schon niemand mehr hören wollte“[608], kaum die Ohren der flachen Masse erreichen. Auf die bei Müller noch identitätskonfigurierende Frage „Willst vielleicht zu unseren Liedern deine Leier drehn, wunderliche Alte?“[609] gibt der nunmehr weiblich assoziierte Leiermann keine Antwort, da er in dem beschleunigten Rhythmus der Zeit offenbar selbst seine Identität einbüßt. Indem Jelinek die Instabilität des Müller'schen Leiermanns überträgt, negiert sie jedoch zugleich jedwede Entwick-

602 Ebd., S. 118.

603 Ebd., S. 112.

604 Lücke, Elfriede Jelinek, S. 50.

605 Vgl. Heilig, Klavierspielerin, Leierfrau.

606 Vgl. Fischer, Trivialmythen in Elfriede Jelineks Romanen, S. 45.

607 Jelinek, Winterreise, S. 123.

608 Ebd., S. 119.

609 Ebd.

lungspotenzialität. Darf in „Die Winterreise" noch ein gemeinsames Orchestrieren zum Zwecke der wenn auch einsamen Identitätskonstituierung im Künstlersein angenommen werden, schließt Jelineks Ich diese Möglichkeit vollkommen aus, prophezeit es doch in Ansprache an den Leser respektive Zuschauer: „Ihr Selbst werden Sie nicht mehr finden"[610].

Da das Ich selbst im Verlauf des Stücks in vielerlei Versuchen der Selbstverfassung nicht imstande ist, seine Identität als kohärentes Kontinuum wiederherzustellen, liegt es nun nahe, dass mit dem absoluten Verlust des Leiermanns ebenso die Hoffnungen des Ichs untergehen. Sollte es seinen letzten Halt im denkbaren Identifikationsprozess mit dem Leiermann vermuten, könnte dies zudem erklären, warum der Leiermann in der besagten Szene als Frau angesprochen und dessen Schwanken als Charakteristikum des Ichs ausgewiesen wird. Im Spiegel jener von Müller entlehnten Figur vollzieht die Sprecherin folglich ihren eigenen, für Jelineks gesellschaftskritischen Horizont typisch weiblichen Untergang. Die Identität im Spiegelbild zu festigen bleibt aber letztlich nur dem Prätext vorbehalten. Die hiesige Leierfrau entpuppt sich vielmehr als Figur des Untergangs. Denn die „eigene kleine Grundfläche",[611] auf der die inzwischen als Leierfrau erkannte Person noch steht, offenbart ihre Brüchigkeit. „Ihre Füße wärmen das Eis schon auf, wir sehen, dass Sie gleich versinken werden"[612]. Dass der Boden aus Eis einen trügerischen, unbeherrschbaren Untergrund, „Ihre ganze Standfestigkeit"[613], darstellt, muss das Ich, welches sein Sein eben jenem „Irrlicht von einem Eis"[614] widmet, nun bitter begreifen. Versinkend ist es vom „Eis ins Nichts getreten"[615], wo jedwede personale Konturierung zerfasert und sogar das eigene Flächesein im Nicht-Sein aufgeht. „Den Frauen in Jelineks Romanwelt ist ein elendes Dasein beschert: Sie sind keine Subjekte"[616]. Die Leierfigur entschwindet der Welt, bis sie als Untergegangene lediglich „von unten herauf, aus der Ferne in die Ferne"[617] ihrer Abgeschiedenheit fristen kann.

Die Musik der Gegenwart gleicht in diesem Kontext der sinnbildlichen Entfremdung.

---

610 Ebd., S. 122.

611 Ebd., S. 124.

612 Ebd.

613 Ebd.

614 Ebd., S. 125.

615 Ebd.

616 Szczepaniak, „Es war ein Unfall", S. 207.

617 Jelinek, Winterreise, S. 125.

Wie Jelinek schon in ihrem Essay „Ungebärdige Wege, zu spätes Begehen" vom Verlust der Sicherheit des Hörers durch die Rezeption der Musik Schuberts schreibt, thematisiert sie hier eine ähnliche, durchaus destruktivere Wirkungsweise von Musik: „Die Selbst-Enteignung und das fundamentale Fremd-Werden, die sich durch das Erzeugen und das Hören von Musik einstellen"[618], erleben sowohl das Ich als auch die es abbildende Leierfrau in ihren Oppositionen zum sie umgebenden Zeitgeschehen. Passiv an den Rand der Gesellschaft gedrängt zu sein und

> von den Tränen aus Ihren Augen, vom in schollen zerspringenden Eis, vom schmelzenden Schnee fortgespült zu werden, niemand mehr sein zu müssen, niemals mehr jemand sein zu müssen[619],

ist das Schicksal, das beiden am Ende widerfährt. Während die weibliche Hauptfigur „Fremd eingezogen, fremd ausgezogen" ist, kommt sie an den Ausgangspunkt ihrer Identitätsdissoziation zurück. Jenseits der zwar völligen Identitätsnegation, welche die letzten beiden Kapitel radikal inszenieren, gibt das Ende des Stückes jedoch klar zu verstehen, dass eine persönlichkeitsbezogene Entwicklung nie stattgefunden hat. Die Wanderschaft versteht sich nun als ein Treten auf der Stelle, während die Außenwelt sich jedoch stets weiterdreht. Keine Ausflucht, kein Selbstbehauptungsversuch, keine Illusion vermag über die elementare Generaldiagnose „Wir sind alle fremd"[620] hinwegzutäuschen.

Wie verhält sich dieser Befund gegenüber dem künstlerischen Gerüst von Wilhelm Müller? Nachdem Jelinek in ihrer „Winterreise" Müllers Vorlage mit weitestgehender Treue begegnet, indem sie das zunehmende Fremdwerden in der Welt des Wanderers als Folie für die Konstruktion ihres Antisubjekts verwendet, schlägt sie schlussendlich einen anderen Pfad ein. Der im Liederzyklus am Rande des Selbstverlusts Wankende bekommt am Schluss seine Identität in der Identifikation in Aussicht gestellt. Jelineks Ich bleibt bis zuletzt trotz zappelnder Selbstherstellungsversuche nahezu entwicklungslos. Gelingt es dem Leser noch, im Reisenden aus „Die Winterreise" allmählich die Biographie eines Künstlers zu verfestigen, erstarrt Jelineks Figur im Verlauf der Zeit sowie in der aus der Amnesie resultierenden Geschichtslosigkeit zur leeren Staffage. Kaum etwas erfährt der Leser über das Ich, bis es im letzten Abschnitt einer gänzlichen Identitätsverweigerung geopfert wird. Nichts mehr soll noch vorhanden sein, Körper und Sprache münden im Zerfall und doch darf man spekulieren, dass eine heilsame Erlösung durch den Tod nicht

---

618 Janke, Jelinek und die Musik, S. 275.

619 Jelinek, Winterreise, S. 126.

620 Ebd., S. 127.

eintreten wird. Wie schon ihre gesamten „literarischen Welten mit Toten, Scheintoten, und Untoten, Vampiren und Zombies bevölkert sind“[621], reiht sich gleichsam diese Antifigur, welche bereits zu Beginn nach dem eigenen Schatten umhersucht, in die Reihe deformierter Zwischenexistenzen jenseits von Bestehen und Nicht-Bestehen ein. Weder Ziel noch Anfang kennt dieses Persistieren im nicht enden wollenden, schwerelosen Entgleiten. Damit geht die Autorin über Müller hinaus und negiert in brutaler Weise jegliche visionäre Option, wodurch sie auch eine pessimistische Deutung des Prätextes anstimmt. Die romantische Todessehnsucht des Liederzyklus tritt in der Kommunikationsaufnahme mit dem Leiermann in den Hintergrund, in Jelineks Trümmerwelten bleibt sie als uneinlösbares Pfand zurück.

Wie sie den Liederyklus im Ganzen betrachtet als Folie annektiert und welche Wirkung der Quelltext nicht zuletzt auch auf die Konstruktion ihrer Antiidentität entfaltet, wird das Anliegen des letzten Untersuchungsschrittes sein.

4.7 „Was ist Ihre Sprache überhaupt, was für ein Zeug ist das, alles aus zweiter, dritter Hand?“: Jelinek und die Romantik – Beglaubigung, Sehnsucht oder Zertrümmerung?

Jelineks Aneignung des romantischen Quelltextes deutet sowohl auf eine dunkle Neulektüre als auch eine destruktive Weiterschreibung der Wanderschaft in eine im permanenten Schwellenzustand befindliche Endlosreise hin. Während in beiden Texten zunächst das Fremdwerden in der Welt zum Gegenstand erhoben wird, wählen die Autoren unterschiedliche Schlussszenarien. So findet Müllers Wanderer im letztmöglichen Moment seine Identität in der Identifikation wieder, Jelinek lässt ihr Ich hingegen in düsterer Isolation zerfallen.

Aus welchen Gründen kann aber überhaupt ein Dialog beider Texte angenommen werden? Offensichtlich legt Jelinek ein reichhaltiges Verweissystem, negativ gesprochen gar eine „mediale[r] Reizüberflutung“[622] in ihre „Winterreise“ hinein. Neben zahlreichen eingestreuten Zitaten stellt nicht zuletzt der ähnliche, aber keineswegs gleiche Titel „Winterreise“ eine signifikante Verbindungslinie zu Müllers „Die Winterreise“ her. In dieser Variation steckt zugleich Interpretation. Denn die „wichtigste Markierung der Intertextualität, nämlich der Titel des Stücks, ist ein we-

621 Szczepaniak, „Es war ein Unfall“, S. 224.

622 Dannhausen, Für und wider die Tradition, S. 190.

sentlicher Leseschlüssel."[623] In Bezug auf die Verwendung von Prätexten als Folie für eigene ästhetische Kreationen äußert Jelinek selbst in einem Essay: „Das Sekundärdrama geht aus dem Hauptdrama hervor und begleitet es [...] Sekundärdrama ist Begleitdrama"[624], womit die Nobelpreisträgerin andeutet, dass keine blinde Übernahme des Quelltextes, sondern vielmehr eine Korrespondenz und ein kritisches Aufeinander-Bezug-Nehmen zwischen den Kunstwerken angedacht ist. Jelinek verfasst eben *ihre* Form der „Winterreise", wodurch sie einerseits eine Relektüre und in ihrer künstlerischen Inbesitznahme eine Neukontextualisierung vornimmt. Vor diesem Hintergrund verfolgt die vorliegende Arbeit ebenso das Anliegen, zu analysieren, auf welche Weise jene Übernahme stattfindet und welche Effekte sich dadurch im Hinblick auf die Antiidentität ihres Ichs destillieren lassen.

Mit der provokativen Frage an die Leierfrau „Was ist Ihre Sprache überhaupt, was für ein Zeug ist das, alles aus zweiter, dritter Hand?"[625] thematisiert Jelinek gewissermaßen autoreflexiv den in der Forschung kontrovers verhandelten Intertextualitätsdiskurs, der sich in der Interpolarität zwischen Zertrümmerung und Beglaubigung des behandelten Prätextes ansiedelt. Entlarvt die Autorin demnach das Fratzenhafte in „Die Winterreise" und weiter gefasst der Romantik als solcher oder entwirft sie eine Beglaubigung, gar Sehnsuchtsbekundung?

Zur Beantwortung der aufgeworfenen Fragen gibt es Pro- respektive Kontraargumente, die zunächst skizzenhaft vorgestellt werden sollen, bevor der Versuch angestrebt wird, eine eigene Positionierung zu beziehen. Vergegenwärtigt man sich exemplarisch nochmals die bereits diskutierte Übernahme der Wetterfahne-Allegorie, weist Jelineks Montage deutliche Kennzeichen einer Verzerrung des ursprünglichen Kontextes auf. Einmal fungiert sie als Sinnbild der treulosen Geliebten, in Jelineks Verarbeitung hingegen als Flüchtigkeit und Unberechenbarkeit des Kapitals. Die These „Jelineks Umgang mit den Referenzobjekten ist zum größten Teil durch parodistische Verzerrung gekennzeichnet"[626] bestätigt sich an dieser Stelle, weil der Bedeutungshorizont der Liebe mit dem des Kapitals assoziiert wird.

Eine ähnliche, wiederum durchaus gewaltsame Entrückung lässt sich in Jelineks Annektierung der Tränenallegorie in „Die Klavierspielerin" feststellen. Wohingegen Müllers

623 Neelsen, Intertextualität und Sinnstiftung, S. 96.

624 Jelinek, Anmerkung zum Sekundärdrama.

625 Jelinek, Winterreise, S. 118.

626 Dannhausen, Für und wider die Tradition, S. 189.

Wanderer seine Tränen ins Schmelzwasser fallen lässt, damit sie zur Liebsten gelangen, wird diese Zeile paraphrasiert in einem deutlich verschobenen Kontext. In ihrem Roman *Die Klavierspielerin* wird das Zitat Teil einer Selbstverletzungsszene, in der sich die Protagonistin Erika K. mit einer Rasierklinge in die Hand schneidet.[627]

Im Gegensatz zu Müllers Gedicht, in dem die Tränen der Bewahrung von Erinnerung und damit von Vitalität dienen, kehrt sich der Zusammenhang in „Die Klavierspielerin“ um. Statt austretendem Tränenwasser fließt Blut aus Erikas Wunde, wodurch der ursprüngliche Sinnhorizont der Lebensstabilisierung in eine lebensfeindliche Selbstoperation gewendet wird. Gleichwohl versucht die Protagonistin ebenso über die Externalisierung des Blutes sich ihrer eigenen Lebendigkeit bewusst zu werden, wodurch auf der Ebene der Handlungsmotivation ähnliche Voraussetzungen gegeben sind. Verzerrend wird jene Übernahme auch in der „Winterreise“ verwendet. Wer Tränen vergießt, wird mit dem Spott der starken Leistungsgesellschaft konfrontiert und leitet zugleich in den zumeist mit Salzsäure assoziierten Tränen einen Selbstzerstörungsprozess ein. „Ich vergehe in mir selbst. Ich löse mich auf als und in Tränen“[628] übernimmt einerseits die melancholische Grundstimmung des Müller'schen Vagabunden, verneint jedoch die mit dem Quelltext verbundene stabilisierende Wirkung. Diesbezüglich lässt sich „Jelineks Zitierverfahren als einen destruktiv-entlarvenden oder destruktiv-entstellenden Umgang mit de[n] zitierten Text[en] verstehen“[629]. Sprache ist in diesem Sinne niemals völlig frei oder unvorbelastet. Ihr wohnt per se eine Interpretation, ein Vorleben inne, was Jelinek über den Weg der Dekonstruktion offenlegt.

Ziel einer solchen zertrümmernden[630] Transformation ist also offenbar, einen anschaulichen Beleg dafür zu liefern, dass Sprache niemals losgelöst von Kontext oder gar Ideologie bestehen kann und sogar „das Wort als Lüge“[631] überhaupt erst offenkundig entlarvt werden muss. Indem sich die Autorin mittels dieser postdramatischen Sprachauffassung die Aufgabe setzt, die verkrusteten Ablagerungen an Wort und Rede zu entfernen, bleibt der Prätext zugleich als fremdes Zentrum dem Sekundärwerk erhalten. Bezogen auf die „Winterreise“ wirken die dem haltlosen Wortgefälle eingepflegten romantischen Spuren wie Hinterlas-

627 Von Hoff, Textualität und Visualität, S. 192.

628 Jelinek, Winterreise, S. 33.

629 Geier, „Schön bei sich sein und dort bleiben“, S. 171.

630 Vgl. Pflüger, Vom Dialog zur Dialogizität, S. 49.

631 Thiériot, Sinnzerstörung? Sinngebung?, S. 105.

senschaften einer untergegangenen Kultur. Zwischen Cyberwelt und Bankengeschäften bringen die zerschnittenen Segmente des Liederzyklus die ungemeine Entfremdung des Ichs zum Ausdruck. Die zahlreichen Anrufe des Herzens – „mein Herz, mein Herz!"[632] – formulieren die verzweifelte Sehnsucht nach innerem Gewahrwerden in einer Welt, die ihrer Innerlichkeit längst entzogen ist. Die mehrheitlich von der Forschung getragene Meinung „Durch die Sprache folgt eine Distanzierung und Destruktion, die die Einfühlung und Identifikation mit den Figuren verhindern"[633] würde, wird meines Erachtens Jelineks ästhetischem Konzept nur teilweise gerecht.

Dass sie nicht einfach nur ihren Quelltext und damit auch dessen epochale Lokalisierung in der Romantik zerschlägt, sondern ihm eine für die Identität des Ichs zeitweise geradezu stabilisierende Funktion zukommt, kann an mehreren Stellen vorgeführt werden, wovon zwei exemplarisch nochmals hervorzuheben wäre . Nachdem die Protagonistin der „Winterreise" zunächst noch der verführerischen Kommunikationsverheißung des Internets nachgeht, wird ihr das Unbehagen gegenüber jener Scheinwirklichkeit, in der Gefühle und Menschen wie Waren bestellbar sind, bewusst. Das resignative Bekenntnis „ich passe nicht [...] ich weiß, mein Herz, ich weiß, es passt nicht"[634] mag zwischen den fast pornographischen Ironisierungen wie ein fremdes Pathos klingen, andererseits nutzt Jelinek den Schmerz des Wanderers als Sprachfolie für das Fremdheitsempfinden ihres Ichs, wodurch sie dem Quelltext eine wahrhaftige Beglaubigung attestiert. „Bei der Intertextualität zählt also nicht nur die Bearbeitung eines fremden Quelltextes, sondern in erster Linie der Sinn, der sich daraus ergibt"[635]. Ein weiteres beglaubigendes Beispiel äußert sich in der Verwendung der Täuschungsmetaphorik. „Nur Täuschung ist für mich Gewinn"[636] behauptet das sich als Vater ausgebende Ich in der Psychiatrie. Sowohl „Täuschung, daß ich wär zu Haus"[637] als auch die bereits erläuterten Versuche, sich sprachlich selbst als Identität zu postulieren, bestätigen das illusorische Denken des Wanderers. Ohne das Motiv satirisch zu destruieren, ist in demselben Kontext Jelineks Transformation des Wegweisers vorzufinden. Statt den Suchenden wie-

632 Jelinek, Winterreise, S. 69.

633 Gál, Die Wege und Irrwege der Sprache, S. 192.

634 Jelinek, Winterreise, S. 70.

635 Neelsen, Intertextualität und Sinnstiftung, S. 89.

636 Jelinek, Winterreise, S. 100.

637 Ebd.

der auf den rechten Weg zu weisen, „hat [er] mich verwiesen"[638] und reiht die Figur in die Riege der verwesenden Gesellschaft ein. Nicht zuletzt sei noch das am Baum hängende Blatt erwähnt, das in der Verblendung des Reisenden sinnbildlich die letzte Hoffnung symbolisiert, in Jelineks schier aussichtslosen Kosmos jedoch abfällt und einen denkbaren Ausweg negiert. Zwar geht sie hierin wiederum in der Aneignung des Prätextes über diesen hinaus, übersetzt aber die bedeutungstragende Basis, nämlich der Verzweiflung respektive Selbsttäuschung, in ihren eigenen Text. Exemplarisch billigen die letzten Belege der Zertrümmerungsannahme nur teilweise Berechtigung zu. Vielmehr sind sie auch Ausdruck einer Beglaubigung des romantischen Quelltextes.

Da sich nun die beiden Positionen – Bestätigung oder Verzerrung – gegenüberstehen, ist es an der Zeit, eine Bewertung für den vorliegenden Untersuchungsgegenstand vorzunehmen. Obwohl Jelineks Montage beide Vorgehensweisen beinhaltet, scheint mir in den sehr persönlichen Zügen des Werkes, welche besonders seitens der Literaturkritik immer wieder hervorgehoben werden, sowie in der Sentimentalität und dem unverblümt-traurigen Wesenszug trotz aller üblichen Kalauer und Sprachspielereien ein hoher Grad an Ernsthaftigkeit zu begegnen. Außerdem gibt die Biographie der Autorin zu erkennen, dass sie Müllers und Schuberts Liederzyklus schon seit ihrem Studium beschäftigt, was eine Identifikation mit den darin verhandelten existenziellen Anliegen nicht gewährleistet, doch zumindest nahe legt.

In den fremden Zitaten schimmert meines Erachtens „Die prinzipielle Heimatlosigkeit Jelineks"[639] durch. Schon in früheren Texten durchforsten ihre leidenden Restfiguren immer und immer wieder die unheilsamen Weiten der Sprache, um eine eigene Heimat zu finden. Die Autorin ringt um eine Sprache, „die permanent auf der Suche nach sich selbst ist, im dauerhaften Mäandern aber gefährdet ist, unter den Geröllkaskaden fremder, enteigneter Sprachen begraben zu werden"[640]. Im Hinblick auf Müller ergibt sich jedoch eine andere Konsequenz. Der romantische Quelltext erweckt keinesfalls den Eindruck, für das Ich Ballast zu sein, sondern entpuppt geradezu das Gegenteil. Der Liederzyklus ist kein Grab, das sich über die Figur stülpt, sondern ferner der letzte Halt, den sie im Reden überhaupt noch besitzt. „Was Sie reden leerer Schall, Sie sind eine Fremde überall"[641], und doch weist der Quelltext die letzte

638 Ebd., S. 101.

639 Lux, „Theaterverweigerer" an der Burg, S. 156.

640 Ebd., S. 157.

641 Jelinek, Winterreise, S. 127.

Konstante in der zerfließenden Szenerie auf. Somit statuiert die sekundäre Rede, obgleich der Untergang am Ende schon durch die bereits dissoziierte Identität zu Beginn als wahrscheinlich gilt, trotzdem stellenweise eine identitätsstiftende Funktion. Um in seiner ersehnten Innerlichkeit einen Platz zu finden, appelliert das Ich doch mehrfach verzweifelt an das schon vom Wanderer angerufene Herz – eben das für die Romantik bekannte Zentrum von Gefühl und Phantasie. Der Sprache ist ein „fremde[r] Ursprung"[642] inhärent, welcher ebenso in der Übernahme anzitiert wird und im Rekurs auf die Romantik eine Art Sehnsuchtsraum oder Refugium inneren Bewusstseins als Kontrapunkt zur entleerten Gegenwart der „Winterreise" entwickelt. Insbesondere die Künstlerexistenz des lyrischen Subjekts, das seine Traumatisierung in der Natur künstlerisch zu verarbeiten imstande ist, stellt in dieser Hinsicht das Gegenmodell zur zerfasernden, entleerten Nicht-Identität dar.

Da die Romantik und der Reichtum innerer Existenz nicht mehr gegenwärtig sind, könnte Jelinek gewissermaßen ein „Abschiednehmen in Zitaten"[643] formulieren. Die Bestätigungsthese würde die Romantik aber nicht ausschließlich als Sehnsuchtsraum verstehen, was im Übrigen schon als sehr provokative Auffassung in der Forschung angesehen werden dürfte, sondern ebenfalls einen politischen und mentalitätsgeschichtlichen Rahmen anzitieren. Wie in der Exegese von Müllers Liederzyklus kursorisch betont wird, durchziehen zahlreiche politische Implikationen die Wanderschaft. Nachdem die Napoleonischen Befreiungskriege den deutschsprachigen Raum in Kleinstaaterei versetzten[644], ist das Zeitgefühl von „Lebensmüdigkeit"[645] geprägt. Während gerade die Hoffnung auf eine nationale Einheit und Demokratie am Wiener Kongress und den Karlsbadern Beschlüssen scheitern, verarbeitet Müller die damit einhergehende depressive Grundstimmung in der lyrischen Wanderschaft durch ein exterritoriales Kältereich[646]. Somit steht die Romantik im Bewusstsein einer brüchigen Welt, ohne den visionären Entwurf von Einheit und Ganzheitlichkeit, den sie in weiten Teilen der Kunst noch zu behaupten sucht, in die Realität zu verorten. Was bei Müller in der Entfremdung des Subjekts gegenüber Zeit und Welt mündet, schreibt Jelinek in aktualisierender Manier fort. „Die Winterreise" deutet das sich anbahnende Unbehagen in der modernen Welt mit all ihren Umwälzungen und

642 Neelsen, Intertextualität und Sinnstiftung, S. 93.

643 Krammer, „Ich will ein anderes Theater, S. 117.

644 Vgl. Arlt, Müllers List, S. 82.

645 Ebd., S. 79.

646 Vgl. ebd., S. 86.

Unwägbarkeiten an, worin die Nobelpreisträgerin in extremer Form die Verirrungen ihrer Gegenwart wahrnimmt. „Jelinek lässt demnach das Zitat, das der Vergangenheit angehört, erneut auferstehen, verleiht ihm einen Körper, der [...] bei genauer Betrachtung die Spuren seiner zeit eingeschrieben hat"[647], weswegen ein integrales Textverständnis bei Jelinek unweigerlich mit der Kenntnis der Vorlagen einhergeht[648]. Indem Müller durch Montage in einen neuen Kosmos überführt wird, setzt die Wiener Autorin damit auch einen Akzent für eine kritische Relektüre der Gedichte[649]. So gesehen schreibt sie „Die Winterreise" fort und geht, wie schon erläutert, über sie hinaus. Die Heimatlosigkeit des Wanderers wird auch zu jener des verlorenen Ichs, die Dichtung des Wanderers zum letzten, aber brechenden Halt über dem Abgrund der „Winterreise".

---

647 Krammer, „Ich will ein anderes Theater, S. 117.

648 Vgl. Geier, „Schön bei sich sein und dort bleiben", S. 186.

649 Vgl. ebd., S. 173.

5 Schluss

Die vorliegende Untersuchung erklärt es sich zur Aufgabe, dem Verhältnis der Identitätsformationen von Wilhelm Müllers „Die Winterreise" und Elfriede Jelineks „Winterreise" nachzukommen. Im engeren Sinne richtet sich der Fokus dabei auf die Verarbeitung des romantischen Quelltextes, den Jelinek mittels zahlreicher Zitate ihrem Werk als Folie unterlegt. Bevor aber die aus der Analyse hervorgehenden Ergebnisse pointiert werden, ist es ratsam, die bisherige Argumentation und die Erkenntnisschritte in groben Zügen zu rekapitulieren.

Um die jeweiligen Entwicklungen der Personalen Identitäten nachzuvollziehen, liegt beiden großen Untersuchungsteilen eine chronologische Begleitung der Akteure zugrunde. Demzufolge erweist sich die Wanderschaft des Müller'schen Vagabunden aus der Gesamtschau als eine Irrfahrt der Zerrissenheit. Nach einer enttäuschten Liebe zieht der Reisende in die unwirtliche Winterlandschaft. Bereits an dieser Stelle verbleibt die Ursächliche für dessen Auszug sowie überhaupt eine hinreichende Charakteristik des Subjekts gänzlich im Vagen. Da die Gegenwart nur Erstarrung und Kälte zulässt, hält er sich an den Erinnerungen vom heilvollen Glück der Zweisamkeit in einem harmonischen Naturgefüge fest. Bereits seine Künstleridentität offen legend, schreibt er diese imaginativen Vergegenwärtigungen der Winterlandschaft ein, wobei er sich zunehmend selbst verliert. Nicht zuletzt im Lindenbaum-Gedicht rückt die Todesnähe im Mantel der Ruheverheißung hinter der längst verlorenen Idylle hervor. Zwischen Stillstand und Bewegung, Erinnerung und Halluzination flüchtet sich der Wanderer in der zweiten Hälfte in ein morbides Zeichensystem. Verzweifelt stellt sich am Ende die Erkenntnis ein, die missratene Welt nicht mehr heilen zu können. Gott- und Sinnlosigkeit lassen das lyrische Ich an den Rand des Selbstverlusts geraten, bis es schließlich dem Leiermann begegnet. Im gesellschaftlichen Abseits eröffnet der Reisende im Rahmen eines ersten kommunikativen Aktes dem Musikanten das Angebot eines gemeinsamen Orchestrierens. Mit dessen Leier und den Liedern des Wanderers entfaltet das Schlussgedicht eine visionäre Identitätsstiftung im vereinten Künstlertum, wodurch die zeitweilige Dissoziierung des sich in Selbsttäuschungen entgleitenden Reisenden revidiert wird. „Die Winterreise" „protokolliert den Rückzug aus der Gesellschaft der Menschen; sie schildert Entfremdung von der Außenwelt und Annäherung an sich selbst"[650]. Zwar erfolgt keine Rekontextualisierung der Identität in eine gemeinschaftliche Ordnung, dennoch erlangt sie ihre Kohärenz und Stabilität in der wiedergefundenen Innerlichkeit – nämlich jenem Raum, in welchem der romantischen Vorstellung nach das künstlerische Schaffen seinen Anfang nimmt.

Jelineks leidenden Figuren ist es im Gegensatz dazu jedoch weitestgehend versagt, einen inneren Reichtum ausloten zu können. In einem Zwischenschritt behandelt die Untersuchung neben theaterästhetischen Voraussetzungen auch kursorisch die Identitätskonstitution Erika Kohuts aus dem Roman „Die Klavierspielerin", was als wesentliche Voraussetzung zur Produktion der „Winterreise" gelten darf. Darin wird in der ökonomischen und geschlechtlichen Fremdbesetzung Erika Kohuts durch die omnipotente Mutter das Entfremdungstopos des Müller'schen Liederzyklus neu in Szene gesetzt. Vielfache intertextuelle Referenzen übertragen die Wanderschaft des Reisenden durch eine sinnverweigernde Umwelt auf die heimatlose Existenz der Klavierlehrerin, deren innere Verfasstheit von der mütterlichen Geißelung bis zur völligen Leere entäußert wird.

Entspricht jene Entfremdung Erikas einer mal satirischen, mal wiederum eher beglaubigenden Reinszenierung Müllers, zeichnet sich am Ende zwar eine depravierte Identität der Antiheldin ab; eine völlige personelle Verflachung kann jedoch gerade im Vergleich mit der „Winterreise" nicht vertreten werden. So weist Erika zumindest noch grundlegende definitorische Voraussetzungen, wie Name, Körper und eine wenn auch fremdbestimmte Biographie als Person auf.

Das mehr einem Prosatext gerecht werdende Theaterstück „Winterreise" geht dabei in der Verarbeitung der nomadischen Wandererfigur weit über den Ansatz des Romans hinaus. Statt der Übersetzung der Entfremdungsthematik, wie bei „Die Klavierspielerin", radikalisiert Jelineks Sekundärdrama vielmehr den romantischen Prätext. Es empfiehlt sich daher ein knapper, retrospektiver Überblick:

Ähnlich der Grundkonstellation zu Beginn des Liederzyklus wird auch im prologartigen ersten Kapitel der „Winterreise" die Einsamkeit und das Fremdsein in der Welt als umspannende Condition d' humaine

650 Rémy, Inwiefern Plus mal Plus ein Minus ergibt, S. 169.

benannt. Bleibt Müllers lyrisches Ich sowie seine Geliebte im Nebulösen, verschärft Jelinek diese Unklarheit, indem sie ihre Figur, die sich stets noch selbst eine Identität vorzulügen versucht, von Anfang an gewissermaßen verloren gibt. Weder besitzt sie noch ihren Schatten noch ist eine eindeutige geschlechtliche Markierung überhaupt nachweisbar, weswegen die Wanderschaft in Pluralis gedacht werden muss. Dabei erweist sich die Übersetzung des Wandermotivs in Jelineks Kosmos insgesamt als Treten auf der Stelle, lässt es doch kein wahrhaftes Entwicklungspotenzial aufscheinen.

Sei es die Finanzbraut, die mittels des finanziell bedingten Entfremdungshorizonts mit dem romantischen Text verfugt wird, oder sei es die Sprecherin des dritten Kapitels, die ihres Erinnerungsvermögens abhanden kommt – Jelineks Figur hofft auf Entwicklung, hofft auf eine kohärente, aber nicht einlösbare Innerlichkeit. Entgegen aller Selbstbehauptungsanwandlungen ist sie entäußert und tritt einzig noch als plappernde Fläche auf. Dieses Flächewerden verdichtet ferner noch die beklagte Amnesie der sich weiblich gebenden Hauptfigur. Denn während Müllers Dichter insbesondere durch den Reichtum seiner inneren Existenz, Vorstellung und Erinnerungsgabe zu sich zu finden vermag, negiert Jelinek diese Option im gänzlichen Gedächtnisverlust. Aus der Innerlichkeit im Prätext entsteht ein blankes Hüllesein.

Ohne dies begreifen zu wollen, versucht das Ich der Autorin zahlreiche Versuche der Rekonstituierung der eigenen Identität. Eine markante Station bildet dabei die Eingemeindung in die Mehrheitsgesellschaft, die sich in Natascha Kampusch den für sie notwendigen Gegenpol schafft. Was bei Müller der Vagabund als gesellschaftliche Ausgrenzung jenseits der Dorfgemeinschaft erfährt, überträgt Jelinek in die Außenseitergestalt der Entführten. Doch die vom patriachal-fremdenfeindlichen Morast durchsetzte Masse bietet dem Ich, wie es erkennen muss, ebenso wenig eine Heimat wie dem Wanderer des romantischen Prätextes. Auch der ihn umgebende Naturzusammenhang bietet der Figur kaum mehr eine Möglichkeit zu Identitätsfindung. Wohingegen sie schon bei Müller von beklemmender Lebensfeindlichkeit geprägt ist, wird die Natur in der „Winterreise“ als ein künstliches Ersatzprodukt präsentiert. Beispielgebend ist das erwähnte Tattoo, mittels dessen die Sprecherin versucht, nicht nur ganz im Sinne der Mehrheitsgesellschaft die natürliche Umwelt neu zu formen, sondern vor allem von außen ihre dissoziierte Identität zu gestalten.

Die Identität in der morbiden Majorität wiederherzustellen scheitert jedoch. Ein weiteres Experiment, seiner selbst gewahr zu werden, stellt die Benutzung des Internets dar. Das Posthorn aus „Die Winterreise“

leitet an dieser Stelle allmählich in die Verblendung ein, da der Wanderer verzweifelt auf einen Liebesbrief wartet, der sich als bloße Illusion entlarvt. Darauf anspielend überträgt Jelinek jenes Verblendungsmoment auf die trügerische Verführungskraft moderner Medien. Der Mensch generiert darin allerdings zum verfügbaren Objekt; Liebe und Heimat gibt es dort trotz sämtlicher Versprechungen nicht zu entdecken. Eine Identitätsstiftung vermag auch das Eintauchen in den virtuellen Raum nicht zu ermöglichen, da nicht zuletzt das Modell des Menschen selbst, das darin ausgestellt wird, lediglich einer Schimäre gleichkommt. Das Ich erkennt, dass es sich der kargen Wirklichkeit stellen muss, die allerdings kein Heil verspricht.

Unterstützt durch den nahezu anarchischen Aufbruch der Chronologie des Zitierens stehen die beiden letzten Einstellungen ganz im Zeichen des Irrewerdens. In der Psychiatrie angelangt, sieht auch das inzwischen als Vater sich ausgebende Ich den todverheißenden Wegweiser des Liederzyklus, was als deutliches Indiz für die Einarbeitung des Halluzinationsstadiums gelten darf. Nicht zuletzt die markante Frage „Welches Ich?“[651] ist wohl der dezidierte Ausdruck für die völlige Identitätslosigkeit der Redefigur. Diese Frage stellt nämlich in ihrer unermesslichen Wirkung die gesamte Glaubwürdigkeit der Schilderungen des Ichs infrage. Ob man es tatsächlich mit einem Vater in diesem Kapitel zu tun habt, oder ob das gesamte Stück nicht aus mehreren Ichs besteht, wodurch das Kontinuum der Wanderschaft als solches dekonstruriert wäre, kann nicht zweifelsfrei beantwortet werden. Weil das Ich in der Mehrzahl aber als weiblich markiert wird, ist die Vermutung belastbar, von einem weiblichen Ich auszugehen, das sich im Zuge der Amnesie und der Halluzinationsschübe selbst verliert.

Das letzte Kapitel postuliert die endgültige Identitätsnegation. Die Gleichsetzung der wiederum weiblichen Figur mit dem Nichts erodiert die Vorstellung einer kohärenten Identität völlig und verkehrt sie in die Antiidentität. Wohingegen „Die Winterreise“ in der mythischen Gestalt des Leiermanns schließlich die Identität in der Identifikation zulässt, verweigert die Autorin jegliche Entwicklung. Im Gegenteil: Sie geht über Müller hinaus und lässt ihr Ich spiegelbildlich im Leiermann (eigentlich habt man es hier mit einer Leierfrau zu tun) untergehen. Damit radikalisiert sie Müller und nimmt zugleich in der Identitätszertrümmerung eine visionslose Lesart des Quelltextes vor. Statt auf Überleben und Neubeginn fußt ihr Ende allein auf einem aussichtslosen Untotsein.

Welche Rückschlüsse lassen sich daraus nun im Hinblick auf die intertextuellen Verarbeitung des Prätextes, des romantischen Gedanken-

---

651 Jelinek, Winterreise, S. 103.

tums und tendenziell für Jelineks Montageprinzip insgesamt schließen? Nachdem in den vergangenen Kapiteln die Identitätsentwicklung stets im Lichte des interetextueller Verweissystems skizziert wurde, ergeben sich in groben Zügen zwei Aneignungsmodi: Vielfache Zitatübernahmen, exemplarisch wäre die Brautszene zu nennen, werden im Rahmen von Verfremdungs- und Verschiebungsmechanismen neu kontextualisiert. Dadurch unterstreicht sie einerseits den Fremdheitscharakter des Liederzyklus und zerreißt auch den dem romantischen Kunstwerk innewohnenden Einheits- respektive Universalgedanken[652].

Dass Jelinek nicht ausschließlich einen dekonstruktiven Umgang mit dem Zitat pflegt, fördert die vorliegende Arbeit ebenso zutage. Beispielsweise begründet die Blattmetapher, welche die schwindende Hoffnung verschlüsselt, eher die von mir behauptete Beglaubigungsthese. Der romantische Prätext wird nicht hauptsächlich zertrümmert, sondern dient vielmehr als bestätigende Folie des Leidens an einer ins Unverständliche geratenen Welt. Insofern fungieren Schmerz und Melancholie des Wanderers somit als Pate für die Verzagtheit des larmoyanten Ichs. Obgleich eine eindeutige Bewertung des Zitationsverfahrens zwischen den beiden Polen kaum möglich ist, stützt sich meine schließliche Einschätzung eher auf die Idee einer Attestierung, da der Ton der Ernsthaftigkeit, Trauer und vielleicht auch die biographischen Elemente im Vergleich zu früheren Werken Jelineks deutlich gegenüber rein satirischen oder parodistischen[653] Implikationen überwiegen. Da die Autorin zeit ihres Lebens eine enge Beziehung mit dem Quelltext verbindet, könnte eine Identifikation mit den darin aufgeworfenen existenziellen Fragestellungen vermutet werden. Sie liest den Text und inszeniert ihn für die Gegenwart neu. „Ein intertextuelles Werk beruht wie die Intertextualität immer auf einer zweiseitigen Wirkung. Während der fremde Hypotext den eigenen neuen Text in ein besonderes Licht stellt, entfaltet auch er plötzlich unvermutete Bedeutungen"[654].

Müllers lyrisches Subjekt manifestiert gerade durch die Wahrung seines Gedankenraums seinen Existenzrahmen als Künstler. Jelinek setzt hingegen eine völlige Aushöhlung ihrer Figur in Szene und misst der Romantik ex negativo möglicherweise den Stellenwert eines Sehnsuchtraumes bei. Phantasie und Innerlichkeit klingen als utopisches Echo einer Gegenwart an, die längst zur Oberfläche reduziert ist. Zwar referiert jenes Echo auf einen fremden Ursprung; so bleibt es doch zu überle-

652 Vgl. Kremer/Kleinschmidt, Die mittlere Phase der Romantik, S. 37.

653 Vgl. Lücke, Elfriede Jelineks ästhetisches Verfahren und das Theater der Dekonstruktion, S. 74.

654 Neelsen, Intertextualität und Sinnstiftung, S. 98.

gen, ob nicht gar Müllers lyrische Sprache überhaupt den letzten Halt bietet, von dem das dissoziierte Ich noch zehrt. Selbst kann es doch kein inneres Gewahrwerden mehr herstellen. Allein das romantische Echo dergleichen vermag ihm eine Art Ersatzheimat noch im Fremden erahnen zu lassen. Dass die Fremde jedoch überall die vorherrschende Konstante bildet, drückt sich darüber hinaus noch in der konsequenten Verwendung der alten Rechtschreibung aus. So eröffnet Jelinek vielleicht auch in diesem Rekurs einen Sehnsuchtsort im Vergangenen.

Wohl wesentlicher als die Idee eines Sehnsuchtsraumes ist die politisch-attestierende Funktion des Prätextes. Das frühe Bewusstsein der Romantik von einer brüchig gewordenen Welt inszeniert die Autorin als Sinnkonstruktion einer ebenso unwägbar gewordenen Gegenwart. „Die Winterreise" versteht sie als zeitkritisches Dokument, wobei sie eine verabsolutierende (dafür sprechen auch die erwähnten Partizipialkonstruktionen) Deutung vornimmt. Was bei Müller als Subversion verarbeitet wird, vereindeutigt, kanalisiert und überspitzt sie in radikaler Form. Dabei liest sie Müllers Text streng pessimistisch. Denn in Jelineks Abgesang gibt es jenseits der ohnehin allzu fernen Utopie von innerer Bewandtnis keine Visionen[655].

Geradezu unwirklich mutet die wiedergefundene Identität des Wanderers an, vergegenwärtigt man sich den tristen Abgesang der Jelinek'schen Leidensfigur. Die Vorstellung einer einheitlichen, kohärenten Identität, die im Einklang mit den normativen Anforderungen der Gesellschaft und der subjektiven Selbstverwirklichung des Einzelnen steht, kann es in Jelineks Trümmerliteratur nicht mehr geben. Der Boden ihrer Sprache zieht tiefe Gräben auf, in die ihre Figuren buchstäblich versinken. Aus der Ferne vernimmt der Leser noch ihr unermüdliches Klagen. Sie betteln darum, nicht vergessen zu werden. Jelineks Literatur vermisst auf diese Art den unbewohnbaren Raum der fremden Gegenwart. Zurück bleibt eine Topographie des Verlusts, ein ewig unauslotbares Verwalten von Ruinen.

655 Vgl. Wright, Eine Ästhetik des Ekels, S. 57.

Literaturverzeichnis

Primärliteratur

Jelinek, Elfriede: Winterreise. Reinbeck: Rowohlt 2011.

Müller, Wilhelm: Die Winterreise. In: So zieh ich meine Straße. Ein Wilhelm-Müller-Lesebuch. Halle (Saale): Projekte Verlag 2002, S. 105–129.

Sekundärliteratur

Annuß, Evelyn: Flache Figuren – Kollektive Körper. In: Lob der Oberfläche. Zum Werk von Elfriede Jelinek. Hg. v. Thomas Eder und Juliane Vogel. München: Fink 2010, S. 49–70.

Arlt, Ingeborg: Müllers List. Zu Wilhelm Müllers „Winterreise“. In: Signum. Blätter für Literatur und Kritik 8 (2007), S. 78–86.

Berger, Claudia: Identität. In: Gender@Wissen. Ein Handbuch der Gender-Theorien. Hg. v. Christina von Braun und Inge Stephan. Köln: Böhlau Verlag 2005, S. 47–61.

Böhmisch, Susanne: Jelinek'sche Spiele mit dem Abjekten. In: Elfriede Jelinek. Geschlecht, Sprache und Herrschaft. Hg. v. Françoise Rétif und Johann Sonnleitner. Würzburg: Königshausen & Neumann 2008, S. 33–44.

Böhn, Andreas: Intertextualitätsanalyse. Forschungsfeld und -geschichte. In: Handbuch der Kulturwissenschaften. Grundlagen und Schlüsselbegriffe. Hg. v. Friedrich Jaeger und Burkhard Liebsch. Bd. 1. Stuttgart, Weimar: J.B. Metzler 2004, S. 204–216.

Bonheim, Günther: Lob des Versagens, Versuch über das Sterben. Wilhelm Müller: Die Winterreise. Berlin: Weißensee 2008.

Bosse, Heinrich/Neumeyer, Harald: „Da blüht der Winter schön“. Musensohn und Wanderlied um 1800. Freiburg: Rombach 1995.

Braun, Adrienne: Durch Schnee und Wind, Wald und Flur. Münchner Uraufführung: Die Kammerspiele zeigen Elfriede Jelineks „Winterreise“. In: Stuttgarter Zeitung, 5. Februar (2011).

Brüchige Welten. Von Doderer bis Kehlmann. Einzelinterpretationen. Hg. v. Attila Bombitz. Wien: Praesens Verlag 2009.

Brunner, Maria E.: Die Mythenzertrümmerung der Elfriede Jelinek. Neuried: Ars Una 1997.

Burger, Rudolf: Der böse Blick der Elfriede Jelinek. In: Gegen den schönen Schein. Hg. v. Christa Gürtler. 2. Aufl. Frankfurt: Verlag Neue Kritik 2005, S. 17–29.

Cho-Sobotka, Myung-Hwa: Auf der Suche nach dem weiblichen Subjekt. Studien zu Ingeborg Bachmanns *Malina,* Elfriede Jelineks *Die Klavierspielerin* und Yoko Tawadas *Opium für Ovid.* Heidelberg: Universitätsverlag Winter 2007.

Dichtung. Wissenschaft. Unterricht. Rüdiger Frommholz zum 60. Geburtstag. Hg. v. Friedrich Kienecker und Peter Wolfersdorf. Paderborn, München, Wien, Zürich: Schöningh 1986.

Doll, Annette: Mythos, Natur und Geschichte bei Elfriede Jelinek: eine Untersuchung ihrer literarischen Intentionen. Stuttgart: Metzler'sche Verlagsbuchhandlung1994.

Edgecombe, Rodney Stenning: The Winter Journeys of „Stopping by Woods" and „Das Wirtshaus". In: Germanic notes and reviews 8 (2009), S. 39–44.

Eisenhardt, Günther: Wilhelm Müllers Komponisten. In: Vom Pasqualatihaus. Musikwissenschaftliche Perspektiven aus Wien 4 (1994), S. 27–38.

Elfriede Jelinek. Geschlecht, Sprache und Herrschaft. Hg. v. Françoise Rétif und Johann Sonnleitner. Würzburg: Königshausen & Neumann 2008.

Elfriede Jelinek. Hg. v. Kurt Bartsch und Günther A. Höfler. Graz: Literaturverlag Dorschl 1991.

Elfriede Jelinek: „Ich will kein Theater". Mediale Überschreitungen. Hg. v. Pia Janke. Wien: Praesens Verlag 2007.

Elfriede Jelinek: Tradition, Politik und Zitat. Ergebnisse der Internationalen Elfriede Jelinek-Tagung 13. Juni 2006 in Tromso. Hg. v. Sabine Müller und Catherine Theodorsen. Wien: Praesens Verlag 2008.

Elfriede Jelinek. Writing Woman, Nation, and Identity. A Critical Anthology. Hg. v. Matthias Piccolruaz Konzett, Margarete Lamb-Faffelberger. Massachusetts: Rosemont Publishing 2007, S. 252–258.

Fischer, Michael: Trivialmythen in Elfriede Jelineks Romanen „Die Liebhaberinnen" und „Die Klavierspielerin". St. Ingbert: Röhrig Verlag 1991.

Gál, Szilvia: Die Wege und Irrwege der Sprache. Elfriede Jelineks mythendestruierende und ideologiekritische Verfahrensweise. In: Brüchige Welten. Von Doderer bis Kehlmann. Einzelinterpretationen. Hg. v. Attila Bombitz. Wien: Praesens Verlag 2009, S. 179–193.

Gegen den schönen Schein. Hg. v. Christa Gürtler. 2. Aufl. Frankfurt: Verlag Neue Kritik 2005.

Geier, Andrea: „Schön bei sich sein und dort bleiben". Jelineks Zitierverfahren zwischen Hermeneutik und Antihermeneutik in *Wolken.Heim* und *Totenauberg*. In: Elfriede Jelinek: Tradition, Politik und Zitat. Ergebnisse der Internationalen Elfriede Jelinek-Tagung 13. Juni 2006 in Tromso. Hg. v. Sabine Müller und Catherine Theodorsen. Wien: Praesens Verlag 2008, S. 167–186.

Gender@Wissen. Ein Handbuch der Gender-Theorien. Hg. v. Christina von Braun und Inge Stephan. Köln: Böhlau Verlag 2005.

Gürtler, Christa: Die Entschleierung der Mythen von Natur und Sexualität. In: Gegen den schönen Schein. Hg. v. Christa Gürtler. 2. Aufl. Frankfurt: Verlag Neue Kritik 2005, S. 120–133.

Handbuch der Kulturwissenschaften. Grundlagen und Schlüsselbegriffe. Hg. v. Friedrich Jaeger und Burkhard Liebsch. Bd. 1. Stuttgart, Weimar: J.B. Metzler 2004.

Handbuch der Literaturwissenschaft. Hg. v. Thomas Anz. Bd. 2. Stuttgart: J.B. Metzler'sche Verlagsbuchhandlung 2007.

Heilig, Barbara Villiger: Klavierspielerin, Leierfrau. Elfriede Jelineks „Winterreise", uraufgeführt in München. In: Neue Zürcher Zeitung, 5. Februar (2011).

Hejny, Mathias: In Schleifen gedacht. In: Abendzeitung, 6. Februar (2011).

Hertel, Rolf: Dramentextanalyse. In: Handbuch der Literaturwissenschaft. Hg. v. Thomas Anz. Bd. 2. Stuttgart: J.B. Metzlersche Verlagsbuchhandlung 2007, S. 121–139.

Hörisch, Jochen: „Fremd bin ich eingezogen". Die Erfahrung des Fremden und die fremde Erfahrung in der ‚Winterreise'. In: Athenäum. Jahrbuch für Romantik 1 (1991), S. 41–69.

Höfler, Günther A.: Vergrößerung und Objektiv: Zur Fokussierung der Sexualität bei Elfriede Jelinek. In: Elfriede Jelinek. Hg. v. Kurt Bartsch und Günther A. Höfler. Graz: Literaturverlag Dorschl 1991, S. 155–169.

Hoff, Dagmar von: Identität und Gender. Aspekte medialer Verwandlungen. In: Identität und Gender. Aspekte medialer Verwandlungen. Hg. v. Dagmar von Hoff und Anett Holzheid. München: Martin Meidenbauer Verlagsbuchhandlung 2010, S. 7–28.

Hoff, Dagmar von: Textualität und Visualität. Elfriede Jelineks Roman und Michael Hanekes gleichnamiger Film *Die Klavierspielerin*. In: Media encounters and media theories. Hg. v. Jürgen E. Müller. Münster: Nodus 2008, S. 187–201.

Hoffmann, Yasmin: Die Bande der Liebe. Anatomie einer Passion in der Prosa von Elfriede Jelinek. In: Ritual. Macht. Blasphemie. Hg. v. Pia Janke. Wien: Praesens Verlag 2010, S. 52–63.

Honold, Alexander: Lied-Wandel. Zu Franz Schuberts Liederzyklen *Die schöne Müllerin* und *Winterreise*. In: Kopflandschaften – Landschaftsgänge. Kulturgeschichte und Poetik des Spaziergangs. Hg . v. Axel Gellhaus u.a. Weimar: Böhlau Verlag 2007, S. 161–184.

Identität und Gender. Aspekte medialer Verwandlungen. Hg. v. Dagmar von Hoff und Anett Holzheid. München: Martin Meidenbauer Verlagsbuchhandlung 2010.

Janke, Pia: Jelinek und die Musik. In: Elfriede Jelinek: Tradition, Politik und Zitat. Ergebnisse der Internationalen Elfriede Jelinek-Tagung 13. Juni 2006 in Tromso. Hg. v. Sabine Müller und Catherine Theodorsen. Wien: Praesens Verlag 2008, S. 271–285.

Janz, Marlies: Efriede Jelinek. Stuttgart: J. B. Metzler Verlag 1995, S. 72–83.

Jelinek, une répétition? A propos des pièces *In den Alpen* et *Das Werk*. Jelinek, eine Wiederholung? Zu den Theaterstücken *In den Alpen* und *Das Werk*. Hg. v. Françoise Lartillot und Dieter Horning. Bern: Peter Lang Verlag 2009.

Kastberger, Klaus: Die Haut der neuen Medien. Vier Thesen zu Elfriede Jelinek. In: Lob der Oberfläche. Zum Werk von Elfriede Jelinek. Hg. v. Thomas Eder und Juliane Vogel. München: Fink 2010, S. 117–130.

Keuels, Hans-Udo: „Die Winterreise" des Wilhelm Müller (und des Franz Schubert). Versuch einer behutsamen, gegenseitigen Distanzierung. In: Wilhelm Müller. *Eine Lebensreise.* Zum 200. Geburtstag des Dichters. Hg. v. Norbert Michels. Weimar: Verlag Hermann Böhlaus Nachfolger Weimar 1994, S. 97–117.

Klettenhammer, Sieglinde: „Das Nichts , das die Natur auch ist". Zur Destruktion des Mythos ‚Natur' in Elfriede Jelineks Die Kinder der Toten. In: Literatur und Ökologie. Hg. v. Axel Goodbody. Amsterdam: Rodopi 1998, S. 317–338.

Kohl, Werner: Wilhelm Müllers „Die Winterreise" oder wie Dichtung entsteht. München: Selbstverlag 2002.

Kopflandschaften – Landschaftsgänge. Kulturgeschichte und Poetik des Spaziergangs. Hg . v. Axel Gellhaus u.a. Weimar: Böhlau Verlag 2007.

Krammer, Stefan: „Ich will ein anderes Theater" – Jelineks Theatertexte zwischen Tradition und Innovation. In: Elfriede Jelinek: Tradition, Politik und Zitat. Ergebnisse der Internationalen Elfriede Jelinek-Tagung 13. Juni 2006 in Tromso. Hg. v. Sabine Müller und Catherine Theodorsen. Wien: Praesens Verlag 2008, S. 109–122.

Kremer, Detlef/Kleinschmidt, Christoph: Die mittlere Phase der Romantik. In: Romantik. Epoche – Autoren – Werke. Hg. v. Wolfgang Bunzel. Darmstadt: WBG 2010, S. 26–41.

Kunst kann die Zeit nicht formen. 1. Internationale Wilhelm-Müller-Konferenz. Berlin 1994. Hg. v. Ute Bredermeyer und Christiane Lange. Berlin: Internationale Wilhelm-Müller-Gesellschaft 1996.

Langhammer, Katharina: Fernsehen als Motiv und Medium des Erzählens. Elfriede Jelinek. In: Verkehrsformen und Schreibverhältnisse. Medialer Wandel als Gegenstand und Bedingung von Literatur im 20. Jahrhundert. Hg. v. Jörg Döring u.a. Opladen: Westdeutscher Verlag 1996, S. 187–203.

Liebrand, Claudia: Traditionsbezüge: Canetti, Kafka und Elfriede Jelineks Roman *Die Klavierspielerin*. In: Gegenwartsliteratur. Ein germanistisches Jahrbuch. A german Studies Yearbook. Schwerpunkt: Elfriede Jelinek. Hg. v. Paul Michael Lutzeler, Stephan K. Schindler. Tübingen: Stauffenburg Verlag 5 (2006), S. 25–47.

Lob der Oberfläche. Zum Werk von Elfriede Jelinek. Hg. v. Thomas Eder und Juliane Vogel. München: Fink 2010.

Lorenz, Dagmar C. G.: Entschleierte Erotik: Sexualitätsbeziehungen als Machtverhältnisse bei Albert Drach und Elfriede Jelinek. In: Österreich in Geschichte und Literatur, 52 (2008), Heft 4/5a, S. 211–223.

Lücke, Bärbel: Elfriede Jelineks ästhetisches Verfahren und das Theater der Dekonstruktion. Von *Bambiland/Babel* über *Parsifal* (*Laß o Welt o Schreck laß nach*) (für Christoph Schlingensiefs *Area 7*) zum Königinnendrama *Ulrike Maria Stuart*. In: Elfriede Jelinek: „Ich will kein Theater". Mediale Überschreitungen. Hg. v. Pia Janke. Wien: Praesens Verlag 2007, S. 61–85.

Lücke, Bärbel: Elfriede Jelinek: Eine Einführung in das Werk. Paderborn: UTB 2008.

Lux, Joachim: „Theaterverweigerer" an der Burg. Schleef – Stemann – Schlingensief – Häusermann. In: Elfriede Jelinek: „Ich will kein Theater". Mediale Überschreitungen. Hg. v. Pia Janke. Wien: Praesens Verlag 2007, S. 152–177.

Mattern, Jochen: „Will kein Gott auf Erden sein, / Sind wir selber Götter." Wilhelm Müller – ein ‚potentieller Intellektueller'. In: Kunst kann die Zeit nicht formen. 1. Internationale Wilhelm-Müller-Konferenz. Berlin 1994. Hg. v. Ute Bredermeyer und Christiane Lange. Berlin: Internationale Wilhelm-Müller-Gesellschaft 1996, S. 291–302.

Mayer, Verena/Koberg, Roland: Elfriede Jelinek. Ein Portrait. Reinbek: Rowohlt 2006.

Media encounters and media theories. Hg. v. Jürgen E. Müller. Münster: Nodus 2008.

Menzel, Wolfgang: Die Winterreise. In: Dichtung. Wissenschaft. Unterricht. Rüdiger Frommholz zum 60. Geburtstag. Hg. v. Friedrich Kienecker und Peter Wolfersdorf. Paderborn, München, Wien, Zürich: Schöningh 1986, S. 209–215.

Michalzik, Peter: Wandererin, kommst du zu Pa… „Winterreise": Ein großes Stück von Elfriede Jelinek, uraufgeführt in München. In: Frankfurter Rundschau, 6. Februar (2011).

Müller-Dannhausen, Lea: Für und wider die Tradition. Intertextualität und Intermedialität in der frühen Prosa Elfriede Jelineks. In: Elfriede Jelinek: Tradition, Politik und Zitat. Ergebnisse der Internationalen Elfriede Jelinek-Tagung 13. Juni 2006 in Tromso. Hg. v. Sabine Müller und Catherine Theodorsen. Wien: Praesens Verlag 2008, S. 187–201.

Müller, Sabine: Masse, Macht und Eitelkeit: *Ein Sportstück*, eine postdramatische Tragödie? In: Elfriede Jelinek: Tradition, Politik und Zitat. Ergebnisse der Internationalen Elfriede Jelinek-Tagung 13. Juni 2006 in Tromso. Hg. v. Sabine Müller und Catherine Theodorsen. Wien: Praesens Verlag 2008, S. 123–144.

Neelsen, Sarah: Intertextualität und Sinnstiftung. Anmerkungen zu Elfriede Jelineks *Babel*. In: Elfriede Jelinek: „Ich will kein Theater". Mediale Überschreitungen. Hg. v. Pia Janke. Wien: Praesens Verlag 2007, S. 86–99.

Pflüger, Maja Sibylle: Vom Dialog zur Dialogizität. Die Theaterästhetik von Elfriede Jelinek. Tübingen/Basel: Francke Verlag 1995.

Reininghaus, Frieder: Solide Melancholie, stürmischer Morgen. In: Kunst kann die Zeit nicht formen. 1. Internationale Wilhelm-Müller-Konferenz. Berlin 1994. Hg. v. Ute Bredermeyer und Christiane Lange. Berlin: Internationale Wilhelm-Müller-Gesellschaft 1996, S. 110–121.

Rémy, Ludger: Inwiefern Plus mal Plus ein Minus ergibt. Persönliche Betrachtungen eines Musikers zur *Winterreise*. In: Kunst kann die Zeit nicht formen. 1. Internationale Wilhelm-Müller-Konferenz. Berlin 1994. Hg. v. Ute Bredermeyer und Christiane Lange. Berlin: Internationale Wilhelm-Müller-Gesellschaft 1996, S. 168–173.

Ritual. Macht. Blasphemie. Hg. v. Pia Janke. Wien: Praesens Verlag 2010.

Romantik. Epoche – Autoren – Werke. Hg. v. Wolfgang Bunzel. Darmstadt: WBG 2010.

Sándorfi, Edina: Raumkonstellationen und Identitätswechsel oder das Mythische zweiter Potenz. Die Verortung des Mythos in der österreichischen Literatur. In: Brüchige Welten. Von Doderer bis Kehlmann. Einzelinterpretationen. Hg. v. Attila Bombitz. Wien: Praesens Verlag 2009, S. 17–29.

Schäfer, Armin: Die Wörter ihre Arbeit tun lassen: Jelineks Stimmen. In: Lob der Oberfläche. Zum Werk von Elfriede Jelinek. Hg. v. Thomas Eder und Juliane Vogel. München: Fink 2010, S. 103–116.

Schermuck-Zisché, Margit: Orte der Dichtung. In: Wilhelm Müller. *Eine Lebensreise*. Zum 200. Geburtstag des Dichters. Hg. v. Norbert Michels. Weimar: Verlag Hermann Böhlaus Nachfolger Weimar 1994, S. 190–197.

Schieb, Roswitha: „Die schöne Müllerin" und „Die Winterreise". Möglichkeiten und Grenzen romantischen Sprechens. In: Wilhelm Müller. *Eine Lebensreise*. Zum 200. Geburtstag des Dichters. Hg. v. Norbert Michels. Weimar: Verlag Hermann Böhlaus Nachfolger Weimar 1994, S. 57–71.

Schleicher, Michael: Das Wortgebirge bezwungen. Johan Simons inszenierte an den Münchner Kammerspielen die Uraufführung von Elfriede Jelineks „Winterreise". In: Münchner Merkur, 6. Februar (2011).

Schmidt, Christopher: Polterabend. Johans Simons zertrampelt Elfriede Jelineks feines Textgespinst 2Winterreise" an den Münchner Kammerspielen. In: Süddeutsche Zeitung, 6. Februar (2011).

Sinnstrukturen in der Kunst. Wissenschaftliche Zeitung der Humboldt-Universität zu Berlin 40 (1991).

Solibakke, Karl Ivan: Musical discourse in Elfriede Jelinek's *Die Klavierspielerin* [*The Piano Teacher*]. In: Elfriede Jelinek. Writing Woman, Nation and Identity. A Critical Anthology. Hg. v. Matthias Piccolruaz Konzett und Margarete Lamb-Faffelberger. Massachusetts: Rosemont Publishing 2007, S. 250–268.

Solibakke, Karl Ivan: Österreichische Gedächtnismodelle: Erinnern und Vergessen bei Bachmann, Bernhard und Jelinek. In: Elfriede Jelinek: Tradition, Politik und Zitat. Ergebnisse der Internationalen Elfriede Jelinek-Tagung 13. Juni 2006 in Tromso. Hg. v. Sabine Müller und Catherine Theodorsen. Wien: Praesens Verlag 2008, S. 89–108.

So zieh ich meine Straße. Ein Wilhelm-Müller-Lesebuch. Halle (Saale): Projekte Verlag 2002.

Stadelmaier, Gerhard: Der aus dem Gegenwartsnest fiel. In: Frankfurter Allgemeine Zeitung, 5. Februar (2011).

Stoffels, Ludwig: In kristalline Formen getriebene Reflexion, kokett bis zynisch. In: Kunst kann die Zeit nicht formen. 1. Internationale Wilhelm-Müller-Konferenz. Berlin 1994. Hg. v. Ute Bredermeyer und Christiane Lange. Berlin: Internationale Wilhelm-Müller-Gesellschaft 1996, S. 155–167.

Straub, Jürgen: Identität. In: Handbuch der Kulturwissenschaften. Grundlagen und Schlüsselbegriffe. Hg. v. Friedrich Jaeger und Burkhard Liebsch. Bd. 1. Stuttgart, Weimar: J.B. Metzler 2004, S. 270–285.

Szczepaniak, Monika: Dekonstruktion des Mythos in ausgewählten Prosawerken von Elfriede Jelinek. Frankfurt: Peter Lang Verlag 1998.

Szczepaniak, Monika: „Es war ein Unfall" oder die „Unachtsamkeit der Wand". Elfriede Jelineks „Todesarten". In: Elfriede Jelinek: Tradition, Politik und Zitat. Ergebnisse der Internationalen Elfriede Jelinek-Tagung 13. Juni 2006 in Tromso. Hg. v. Sabine Müller und Catherine Theodorsen. Wien: Praesens Verlag 2008, S. 203–227.

Thiériot, Gérard: Sinnzerstörung? Sinngebung? Zur Fleischwerdung von Text in Elfriede Jelineks Dramen *In den Alpen* und *Das Werk*. In: Jelinek, une répétition? A propos des pièces *In den Alpen* et *Das Werk*. Jelinek, eine Wiederholung? Zu den Theaterstücken *In den Alpen* und *Das Werk*. Hg. v. Françoise Lartillot und Dieter Horning. Bern: Peter Lang Verlag 2009, S. 99–110.

Verkehrsformen und Schreibverhältnisse. Medialer Wandel als Gegenstand und Bedingung von Literatur im 20. Jahrhundert. Hg. v. Jörg Döring u.a. Opladen: Westdeutscher Verlag 1996.

verLOCKERUNGEN. Österreichische Avantgarde im 20. Jahrhundert. Studien zu Walter Serner, Theodor Kramer, H.C. Artmann, Konrad Bayer, Peter Handke und Elfriede Jelinek. Ergebnisse eines Symposiums. Stanford Mai 1991. Hg. v. Wendelin Schmidt Dengler. Wien: Verlag Edition Praesens 1994.

Vogel, Juliane: „Ich möchte seicht sein." Flächenkonzepte in Texten Elfriede Jelineks. In: Lob der Oberfläche. Zum Werk von Elfriede Jelinek. Hg. v. Thomas Eder und Juliane Vogel. München: Fink 2010, S. 9–18.

Vollmann, Rolf: Wilhelm Müller und die Romantik. In: Wilhelm Müller. Franz Schubert. Die schöne Müllerin. Die Winterreise. Stuttgart: Reclam 2001, S. 65–82.

Wagner, Karl: Österreich – eine S(t)imulation. Zu Elfriede Jelineks Österreich-Kritik. In: verLOCKERUNGEN. Österreichische Avantgarde im 20. Jahrhundert. Studien zu Walter Serner, Theodor Kramer, H. C. Artmann, Konrad Bayer, Peter Handke und Elfriede Jelinek. Ergebnisse eines Symposiums. Stanford Mai 1991. Hg. v. Wendelin Schmidt Dengler. Wien: Verlag Edition Praesens 1994, S. 129–141.

Weinzierl, Ulrich: Trostlos über leere Quinten. „Winterreise" in München: Johan Simons versündigt sich an Schubert und Jelinek. In: Die Welt, 5. Februar (2011).

Wetzel, Heinz: Wintereinsamkeit bei Caspar David Friedrich und Wilhelm Müller. In: Aurora. Jahrbuch der Eichendorff-Gesellschaft 55 (1995), S. 183–216.

Wilhelm Müller. *Eine Lebensreise*. Zum 200. Geburtstag des Dichters. Hg. v. Norbert Michels. Weimar: Verlag Hermann Böhlaus Nachfolger Weimar 1994.

Wittkop, Christiane: Polyphonie und Kohärenz: Wilhelm Müllers Gedichtzyklus „Die Winterreise". Stuttgart, Weimar: J. B. Metzler'sche Verlagsbuchhandlung 1994.

Wittkop, Christiane: Orpheus im Winter – Zur poetologischen Bedeutung des Leiermanns in der Winterreise. In: Kunst kann die Zeit nicht formen. 1. Internationale Wilhelm-Müller-Konferenz. Berlin 1994. Hg. v. Ute Bredermeyer und Christiane Lange. Berlin: Internationale Wilhelm-Müller-Gesellschaft 1996, S. 141–154.

Wollny, Ute: Ortstermin: Lindenbaum. Spurensicherung zu Text und Zeichen, Noten und Nöten der „Winterreise" von Wilhelm Müller. In: Formstrukturen und Sinnstrukturen in der Kunst. Wissenschaftliche Zeitschrift der Humboldt-Universität zu Berlin 40 (1991), S. 101–106.

Wright, Elisabeth: Eine Ästhetik des Ekels. Elfriede Jelineks Roman „Die Klavierspielerin". In: Text + Kritik. Zeitschrift für Literatur. Hg. v. Heinz Ludwig Arnold. München: Edition Text + Kritik 117 (1993), S. 51–59.

Youens, Susan: „Der Lindenbaum". The Turning Point of *Winterreise*. In: The romantic tradition. German Literature and Music in the Nineteenth Century. Hg. V. Gerald Chapple u.a. Lanham, New York, London: University Press of America 1992, S. 309–332.

Young, Frank W.: „Am Haken des Fleischhauers". Zum politökonomischen Gehalt der „Klavierspielerin". In: Gegen den schönen Schein. Hg. v. Christa Gürtler. 2. Aufl. Frankfurt: Verlag Neue Kritik 2005, S. 75–81.

Internetquellen

Affenzeller, Margarete: Das Ich, das durch den Schneesturm geht. Johan Simons' famose Uraufführung von Elfriede Jelineks „Winterreise" in München erfasst die Zumutungen der (österreichischen) Gegenwart in eisigem Brausen. Online: http://derstandard.at/1296696385612/Das-Ich-das-durch-den-Schneesturm-geht (Stand: 4.2.2011).

Heinze, Rüdiger (2011): Mehr Satire statt Zynik in Elfriede Jelineks „Winterreise". Literaturnobelpreisträgerin Elfriede Jelinek begibt sich mit ihrer „Winterreise" in die jüngere Vergangenheit und die Gegenwart. Bei der Uraufführung an den Kammerspielen in München ist nicht alles rund. Online: http://www.augsburger-allgemeine.de/kultur/Mehr-Satire-statt-Zynik-in-Jelineks-Winterreise-id9641796.html (Stand: 5.2.2011).

Jelinek, Elfriede: Anmerkung zum Sekundärdrama. Online: http://www.elfriedejelinek.com/ (Stand 30.4.2011).

Jelinek, Elfriede: Ich möchte seicht sein. Online: http://www.elfriedejelinek.com/ (Stand 30.4.2011).

Jelinek, Elfriede: Im Abseits. Online: http://www.elfriedejelinek.com/ (Stand 30.4.2011).

Ueding, Cornelie: „Winterreise" mit Wortflut. Johan Simons inszeniert das neue Stück von Elfriede Jelinek in München. Online: http://www.dradio.de/dlf/sendungen/kulturheute/1381017/ (Stand: 4.2.2011).

Danksagungen

Ich danke zunächst Dagmar von Hoff für Ihren sorgsamen Rat bei der Verfassung der vorliegenden Studie.

Außerdem möchte ich noch zwei weiteren Personen mit ganzem Herzen danken:

Ich danke vor allem meiner verstorbenen Großmutter Doris Hayer, da das Projekt ohne sie niemals möglich gewesen wäre

Außerdem gilt mein Dank Lisa Erhardt, die ihre Zeit nicht nur der mehrfachen Korrektur meiner Untersuchung widmete, sondern mir in vielen, manchmal für sie sicherlich auch zähen Diskussionen als mentale Unterstützung immer ein Ohr für mich hatte. Danke für alles!

Zeitfracht Medien GmbH
Ferdinand-Jühlke-Straße 7
99095 Erfurt, Deutschland
produktsicherheit@kolibri360.de